Die Adenauer-Legion
Geheimauftrag Wiederbewaffnung

© 1994 Labhard Verlag GmbH, Konstanz
Alle Rechte, auch die des auszugsweisen Nachdrucks,
der photomechanischen Wiedergabe
und der Übersetzung vorbehalten.
Vorwort: Ralph Giordano
Titelgestaltung: Michael Witzenmann – Krell
Titelbild: Ullstein – Bilderdienst
Druck: Maus Offsetdruck Konstanz
Printed in Germany
ISBN 3-926937-14-9

Stefan Stosch

Die Adenauer-Legion
Geheimauftrag Wiederbewaffnung

Mit einem Vorwort von Ralph Giordano

Inhaltsverzeichnis

Vorwort 5

Einst geschätzt, heute vergessen 9

Voraussetzungen 13

Unverstandene vierte Gewalt: Die Medien 13
Kostenlose Werbemaschinerie: Das Presseamt 15
Der Initiator: Staatssekretär Lenz 17
Propagandist und Antikommunist: Hans Edgar Jahn 22

Gründung 33

Adenauer-Politik: Das Synonym für Demokratie 33
Die Praxis: „Bis in die kleinste Ortschaft hinein" 37
Finanzierung: Der „nützliche Reptilienfonds" 41

Positionsbestimmung im Parteigefüge 48

Wie CDU-hörig war die ADK? 48
„Renommiersozialdemokraten" erwünscht 53

Zusammenarbeit 59

Eingangsbemerkung: Schwieriger Umgang mit Zahlen 59
Berufssoldaten: Die unzuverlässige Klientel 60
Vertriebene: Werbung für den Umweg in die Heimat 66
Jugendliche: Der „besondere Unsicherheitsfaktor" 68
Die Vergangenheit: Kein NS-Versorgungsverein 71
Das Amt Blank und der vorparlamentarische Hilfstrupp 73

Wiederbewaffnung 79

„Dafür sind Sie, Herr Jahn, verantwortlich" 79
Der kontraproduktive Verbündete: Die Kommunisten 81
„Die sowjetische Beeinflussung ist erfolgreich" 85
Der instrumentalisierte Antikommunismus 93

Umgang mit Gegnern 99

Protestanten: „Stoßaktion gegen Antidemokraten" 99
Rednerschulung: „Alle Teilnehmer einsatzbereit" 104
Diffamierung und subtilere Methoden 107
Qualitäten als halboffizielles Überwachungsorgan 114

Das Ende 117

Kritik: „Die Demokratie selbst ist in Gefahr" 117
Der „Verrat": Die Auflösung der ADK 120

„Was Sie für Deutschland geleistet haben" 127

Quellen und Literatur 132

Abkürzungsverzeichnis 140

Vorwort

Im Herbst 1992 bat mich Stefan Stosch, ihm ein Interview für eine Radiosendung über die „Arbeitsgemeinschaft Demokratischer Kreise" zu geben. Ich mußte erst einmal nachfragen: „Entschuldigen Sie, um was für eine Arbeitsgemeinschaft soll es gehen?" Erst allmählich erinnerte ich mich dunkel an jene ADK. Aber mir war noch immer nicht klar, was heute noch so interessant an dieser beinahe vergessenen Organisation sein könnte. Wer dieses Buch gelesen hat, weiß es.

Die ADK war nicht irgendeine Organisation, die im demokratischen Halbdunkel der Ära Adenauer ihre Fäden zog. Ihre Bedeutung war weit größer und reicht bis in die Gegenwart hinein. Zum einen deshalb, weil die Rolle der ADK bei der Wiederbewaffnung der Bundesrepublik von einiger Bedeutung gewesen ist. Dieser Befund allein ist verblüffend. Bislang war darüber in keinem Geschichtsbuch etwas zu lesen.

Zum anderen aber ist die ADK ein Symbol für die Ära Adenauer schlechthin: Sie dokumentiert auf höchst fatale Weise den niedrigen demokratischen Entwicklungsstand der jungen Bundesrepublik. Ich meine damit nicht nur die Tatsache, daß ein ehemaliger nationalsozialistischer Führungsoffizier und ausgewiesener Antisemit ins Land hinausgeschickt wird, um für die Regierung Propaganda zu betreiben. Solche Karrieren kennen wir zur Genüge: Den großen Frieden mit den Tätern schloß die Bundesrepublik bis hinauf zum Ministerpräsidenten Hans Filbinger oder dem Kanzler-Intimus Hans Globke.

Nein, was an der ADK erschreckt, ist ihre Hauptantriebskraft: der perverse Antikommunismus. So habe ich den nicht human und nicht demokratisch motivierten Antikommunismus bezeichnet, der die alte Bundesrepublik immer bedroht hat. Er war klar zu unterscheiden von einem notwendigen Mißtrauen gegenüber einem Sowjetsystem, das bis vor kurzem als das mächtigste und dauerhafteste Repressionsinstrument unseres Jahrhunderts geherrscht hat.

Der perverse Antikommunismus dagegen war eine destruktive Kraft, die Verfolgungsobjekte brauchte, Hatzgeschöpfe, Erzfeinde, Pauschalgegner, denen gegenüber demokratische Grundsätze zu verletzen legitim sein sollte. Dieser perverse Antikommunismus richtete sich gegen jede Auffassung, die von der eigenen abwich. Menschenrechtsverletzungen brandmarkte er nicht um ihrer selbst willen: Er kritisierte sie im östlichen Teil der Welt, um damit Unterdrückung im westlichen zu rechtfertigen. „Hirnlos gegen den Bolschewismus" hat Rudolf Augstein dieses Phänomen genannt. Natürlich wütete die Hirnlosigkeit überall im Kalten Krieg, im Westen wie im Osten. Aber in Deutschland war sie besonders erfolgreich, weil ihr Fundament schon lange vor 1949 gelegt worden war: Bereits im Nationalsozialismus hatten die Deutschen diesen Antikommunismus verinnerlicht – zuallererst die Berufssoldaten, von denen ein ganzes Kapitel dieses Buches handelt. Im Hochofen des Dritten Reiches wurde der perverse Antikommunismus hartgebrannt. In seiner besonderen deutsch-spezifischen Form war er über das Jahr 1945 hinaus verwertbar.

Denn anders als der Antisemitismus paßte der perverse Antikommunismus bestens in das eisige Klima der fünfziger Jahre. Ja, mehr noch, er war das ideologische Rückgrat des Kalten Krieges. Mit seiner Hilfe ließ sich die Nazivergangenheit bestens verdrängen – und das ging so: Was den Antikommunismus betreffe, so argumentierte man, habe Hitler also recht gehabt. In diesem einen Punkt wenigstens habe man auf der richtigen Seite gestanden und stehe heute auf der Seite des Siegers. So konnte hinter dem Schutzschild des Antikommunismus eine Täterentstrafung größten Ausmaßes stattfinden. Der perverse Antikommunismus hatte ursächlichen Anteil an der „zweiten Schuld" der Deutschen, nämlich daran, daß der Nationalsozialismus nicht aufgearbeitet wurde, sondern die Fachleute der Zerstörung automatisch die Fachleute des Wiederaufbaus wurden.

Ich gehe sogar so weit zu sagen, daß der perverse Antikommunismus ein kriminelles politisches und ideologisches Instrument gewesen ist. Genauso wie er die Vergangenheit verdrängte, sorgte er in der Gegenwart für ein vereinfachendes Freund-Feind-Muster. „Links" war ein Schreckenswort. Wer immer mit diesem Stigma belegt wurde, galt als Abweichler, als Feind. Die ADK hat dabei mitgeholfen, die Freiheit Andersdenkender einzuengen und zumal Gegner der Wiederaufrüstung auszugrenzen. Auch für einen Mann mit meiner Biographie hatte der perverse Antikommunismus weitreichende Folgen. Die Kommunisten waren für mich nach der Befreiung 1945 zunächst einmal die Feinde meiner Feinde – und damit meine Freunde. Ich will die Schuld für diesen Irrtum nicht anderen zuschreiben, doch ohne Zweifel war es so weitaus schwerer für mich, die Lüge und die Despotie des Stalinismus zu erkennen. Länger als nötig hielt ich die Kommunisten für eine Alternative zum Täterentstrafungswerk Bundesrepublik.

Wie sehr diese perverse Ideologie sich zur staatstragenden Haltung verfestigt hatte, ließ sich an den Reaktionen der eingefleischten Antikommunisten auf den Demokratisierungsprozeß in der Sowjetunion nach dem Machtantritt Gorbatschows ablesen. Mit ihrem Gegner verloren die Antikommunisten auch den eigenen Boden unter den Füßen. Selbstgewißheit war jahrzehntelang durch nichts anderes erkauft worden als durch Feindschaft. Ohne sie schien auch die eigene Existenz bedroht.

Vor allem aber werden die Folgen dieser Verdrängungsideologie heute in Deutschland wieder spürbar: Wenn Rechtsextremisten Flüchtlingsheime anstecken und Ausländer zusammenschlagen, dann ist der Nährboden für diese Taten auch in den Verdrängungskünsten der Ära Adenauer zu suchen. In diesem Buch stoßen die Leser auf Grundfesten der Bundesrepublik, die viele lieber unsichtbar in der Geschichte verscharrt wissen würden. Es ist gut, sie gerade jetzt ans Licht zu bringen. Denn noch nie war die Gefahr so groß, die dunklen Stellen der eigenen Vergangenheit zu vergessen – jetzt, da alle Welt aufgeregt auf die Vergangenheit des anderen deutschen Staates, der DDR, zeigt. So ist dieses Buch auch zu verstehen: Als ein Versuch, einer einäugigen Geschichtsschreibung entgegenzuwirken.

Ralph Giordano

EINST GESCHÄTZT, HEUTE VERGESSEN

Konrad Adenauer war voll des Lobes:
„Das, was Sie geleistet haben – und was Sie hoffentlich auch weiter in Zukunft leisten werden -, ist bestimmend gewesen für alles, was im Laufe dieser Jahre erreicht worden ist für unser gemeinsames Vaterland, für Deutschland." [1]
Mit diesen Worten bedankte sich der scheidende Bundeskanzler 1963 bei einer Organisation, die zwölf Jahre zuvor unter dem Namen „Arbeitsgemeinschaft Demokratischer Kreise" gegründet worden war. Der ehemalige ADK-Präsident Hans Edgar Jahn[2] behauptet, daß es die große Leistung der ADK gewesen sei, das demokratische Bewußtsein der Bundesdeutschen zu fördern und durch Aufklärung entscheidend zur Akzeptanz der Wiederbewaffnung beizutragen. Als unabhängige Privatorganisation habe die ADK dazu beigetragen, die Bevölkerung an den neuen Staat heranzuführen. Dies war die Version, die die Öffentlichkeit stets zu hören bekam.
Die Wirklichkeit sah anders aus: Hinter den Kulissen wurde die ADK vom Staatssekretär im Bundeskanzleramt gesteuert, vom Presse- und Informationsamt der Bundesregierung (BPA) betreut und aus dem Geheimfonds des Bundeskanzleramtes („Titel 300") finanziert. Beide Seiten, Regierung und ADK, versuchten, die Verbindung geheimzuhalten. Es besteht kein Zweifel: Die ADK war ein Instrument in den Händen der CDU-geführten Regierung. Ihre Aufgabe lautete: psychologische Wiederaufrüstung.
Auch nach Worten von Jahn war es die leidenschaftlich geführte Debatte um die Wiederbewaffnung, die im Dezember 1951 im Adam-Steigerwald-Haus in Königswinter das Gründungsinitial für die ADK gab. Doch als die Bundeswehr schon lange fester Bestandteil der Bundesrepublik war, gab es die ADK noch immer. Sie hatte sich über ihr eigentliches Arbeitsgebiet hinaus verdient gemacht. Die Entscheidung zur Auflösung fiel erst 1966: In den Verhandlungen über die Große Koalition forderte die SPD das Ende der ominösen Arbeitsgemeinschaft.
Die ADK ist von der Geschichtswissenschaft bislang nicht untersucht worden, obwohl die Ära Adenauer seit den siebziger Jahren immer stärker in das historische Blickfeld gerückt ist. Selbst in Standarddarstellun-

Organisationsplan der ADK

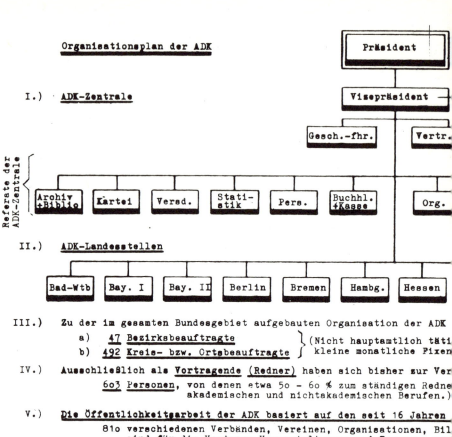

I.) **ADK-Zentrale**

II.) **ADK-Landesstellen**

III.) Zu der im gesamten Bundesgebiet aufgebauten Organisation der ADK
  a) **47 Bezirksbeauftragte** ⎫ (Nicht hauptamtlich täti
  b) **492 Kreis- bzw. Ortsbeauftragte** ⎭ kleine monatliche Fixen

IV.) Ausschließlich als **Vortragende (Redner)** haben sich bisher zur Ver
  603 Personen, von denen etwa 5o - 6o % zum ständigen Redne
  akademischen und nichtakademischen Berufen.)

V.) **Die Öffentlichkeitsarbeit der ADK basiert auf den seit 16 Jahren**
  81o verschiedenen Verbänden, Vereinen, Organisationen, Bil
  sind für die Vortrags-Veranstaltungen und Tagungen von
  organisationen mit insgesamt
  14.199 ihrer Bezirks-, Kreis- und Ortsstellen.
  Es sind dies im wesentlichen: 1. Wirtschafts- und Beru
  2. Berufs- und Fachschul
  Universitäten, Hochsc
  3. Konfessionelle Verbän
  4. Frauen- und Jugendver
  5. Betriebsgruppen,
  6. Der gesamte Raum der
  7. Soldaten- und Traditi
  8. Studentische Verbindu
  Die letztgenannte Zahl schließt auch Institutionen ein,
  haben, und zwar: 9. solche der europäisch
  stellen des Bundes un
  10. örtliche Stellen der

  1o2.883 ist die **Anzahl** der Adressen der **Einzel-Personen** laut AD
  117.892 ist demnach die Gesamtzahl des Adressenbestandes der AD

  (**Nachbemerkung:** Der Versand unserer wöchentlich erscheinenden "
  ausgewählte Personen und Institutionen dieses v

Gleichs. Leiter Landesst. Berlin

→ Gleichs. Leiter Ref. 8
(Verteidig.-fragen)

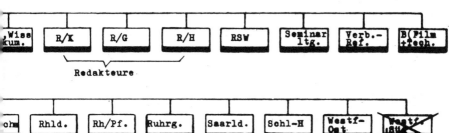

des weiteren:

orierung nur von Fall zu Fall oder
ele von ihnen treten auch als Vortragende auf.)

gestellt:
zu rechnen sind. (Alle freiberuflich, aus verschiedenen

auten Kontakten mit
inrichtungen usw. des vorparlamentarischen Raumes - diese
derem Wert - und den politischen Parteien und ihren Unter=

ände (einschließlich deren Seminare und Institute),
lkshochschulen, Wirtschafts- und Handelsschulen, Ingenieurschulen,
und sonstige Bildungseinrichtungen aller Art,

ebenenorganisationen und Landsmannschaften mit ihren Gliederungen,
bünde,

lohen sich im Rahmen der ADK-Arbeit Kontakte automatisch ergeben
egration bzw. auch allgemeiner internationaler Art und Dienst-
Länder und
iedenen publizistischen Massenmedien.

ei bzw. Adrema.
fänger der "P.I." -Ausgabe a-).

b- (Auflage 9.400) erfolgt an besonders   *(25.4.67)*
nnten Adressenbestandes.)

Im Zuge
durchgeführ-
ter Sparmaß-
nahmen am
31.3.67 auf-
gelöst und
auf die an-
grenzenden
ADK-Landes-
stellen auf-
geteilt.

Organisationsplan der ADK (Privatarchiv Stosch)

gen wie denen von Klaus von Schubert[3] oder Günther Mai[4], die sich ausdrücklich mit der innenpolitischen Auseinandersetzung um die Wiederbewaffnung befassen, sucht man vergeblich nach der ADK. Dennoch ist diese als ein ernstzunehmender politischer Faktor einzuschätzen – die ADK etablierte sich in der Bundesrepublik mit einem gigantischen Netz von Mitarbeitern. Über 100.000 sollen es nach Angaben von Jahn gewesen sein.

Den historischen Hintergrund bildet der Kalte Krieg. Die Geschichte der ADK steht in Zusammenhang mit dem Versuch, einen demokratischen (Teil)Staat an der Frontlinie des Ost-West-Konflikts aufzubauen. Die ADK gehörte zu einem wuchernden Geflecht von staatlichen, halbstaatlichen und privaten Organisationen. Ernst Nolte hat diesen Dschungel „Apparat des Kalten Krieges in der Bundesrepublik"[5] getauft.

Die ADK war nicht zuletzt ein Signum für den Entwicklungsstand der politischen Kultur in der jungen Bundesrepublik. Sie war Bestandteil des Fundamentes, auf dem der neue deutsche Staat aufgebaut wurde. Über einen Teil ihres Personals hatte sie Bedeutung lange über den Zeitpunkt ihrer Auflösung hinaus.

---

[1] Konrad Adenauer, Das Verhältnis der Deutschen zum Staat. In: Bulletin des Presse- und Informationsamtes der Bundesregierung vom 3.10.63 (Nr. 175). S. 1517.
[2] Interview mit Hans Edgar Jahn am 27.11.90 in Bad Godesberg.
[3] Klaus von Schubert, Wiederbewaffnung und Westintegration. Die innere Auseinandersetzung um die militärische und außenpolitische Orientierung der Bundesrepublik 1950 – 1954, Stuttgart 1970.
[4] Günther Mai, Westliche Sicherheitspolitik im Kalten Krieg. Der Korea-Krieg und die deutsche Wiederbewaffnung 1950, Boppard 1977. Mai führt im Anhang lediglich Jahns Buch „Für und gegen den Wehrbeitrag" von 1957 an.
[5] Vgl. Ernst Nolte, Deutschland und der Kalte Krieg, München 1974, S. 402–413.

VORAUSSETZUNGEN

Unverstandene vierte Gewalt: Die Medien

„Von Adenauers erfolgreicher Politik schlug in der öffentlichen Meinung wenig zu Buche. Darüber waren, wie ich auf dem Parteitag [der CDU 1950 in Goslar, d. Autor.] feststellen konnte, Adenauer und seine engeren Mitarbeiter, und nicht nur sie, sondern Jakob Kaiser, Friedrich Holzapfel, Hermann Ehlers, Karl Arnold, Otto Fricke und Kurt Georg Kiesinger, besorgt."[1]
So hat die CDU-Spitze das Echo der Medien auf Adenauers Politik eingeschätzt, erinnert sich Hans Edgar Jahn. Die tiefe Skepsis des Kanzlers gegenüber der schreibenden Zunft wird von vielen bestätigt: „Adenauer hatte – es war nicht nur mein Eindruck – unüberwindliches Mißtrauen gegenüber Presse und Rundfunk"[2], schrieb dpa-Chef Fritz Sänger in seinen Erinnerungen.
Das Verhältnis Adenauers zu den Medien ist der Schlüssel, mit dem die Entstehung der ADK verständlich wird. Was erwartete der Bundeskanzler von Presse, Radio (und später dem Fernsehen)? Welche Vorstellungen hatte er von der Aufgabe der Medien in der Demokratie?
Von vornherein wähnte Adenauer seine Partei bei der Entstehung der deutschen Nachkriegspresse benachteiligt: Hinter der Lizenzierungspolitik der Briten vermutete er eine Bevorzugung der Sozialdemokraten durch die Labour-Regierung[3].
In entscheidenden Fragen, vor allem in der Außenpolitik, erwartete Adenauer Loyalität von den Medien. Kritik, so verlangte er, müsse hier hinter dem Staatsinteresse zurückstehen[4]. Der ehemalige Presseamtschef Werner Krueger meint:„Daß Journalisten mehr von Distanz und Kritik leben als von Zustimmung oder gar Lob, ging ihm [Adenauer, d. Autor.], der den insgesamt erfolgreichen Aufbau in erster Linie sah, nur schwer ein."[5]
Adenauers Vorstellungen bedeuteten, der Pressefreiheit Grenzen zu ziehen. Den Journalisten, die sich ihrerseits noch an ihre Rolle als vierte Gewalt herantasteten, aber nach ihrem Versagen vor 1945 nicht wieder in den Verdacht geraten wollten, von der politischen Macht am Gängelband geführt zu werden, mußten solche Überlegungen höchst suspekt erscheinen[6].

Dabei war die Tendenz der Tageszeitungen gewiß nicht gegen die Bundesregierung gerichtet[7]. Nur benutzen lassen wollten sich die Journalisten nicht. Da die meisten nicht als Sprachrohre für Adenauers Politik zu haben waren, wähnte der Kanzler sie gegen sich. Lediglich bestimmte, aus seiner Sicht vertrauenswürdige und kompetente Journalisten wurden von ihm akzeptiert und als Gesprächspartner geschätzt. Die „Teegespräche", viele Jahre von Werner Krueger organisiert, sind Zeugnis für dasAusleseverfahren[8].

Hinzu kam, daß Adenauer das innere Gefüge einer Zeitung nicht verstehen wollte oder konnte. Seine Erfahrungen aus der Weimarer Republik hatten ihn davon überzeugt, daß eine Zeitung grundsätzlich die Meinung ihres Eigentümers repräsentiere. Eine Behauptung wie die des „ZEIT"-Leitartiklers Paul Bourdin (zuvor BPA-Chef von November 1949 bis Februar 1950) kurz vor der dritten Lesung des Deutschlandvertrags im März 1953, wonach es zwischen Engländern, Franzosen und Sowjets geheime Absprachen über eine dauerhafte Teilung Deutschlands gebe, lastete Adenauer folglich dem „ZEIT"-Herausgeber und CDU-Bundestagsabgeordneten Gerd Bucerius persönlich an. Er akzeptierte nicht, daß der Herausgeber Bucerius nur über einen sehr begrenzten Einfluß auf den Redakteur Bourdin verfügte[9].

Adenauer hätte seinen Schwierigkeiten mit den Medien gerne mit einer eigenen Parteipresse entgegengewirkt. Bis in die sechziger Jahre hinein träumte er von einem bedeutenden CDU-Zentralorgan. Kritik von Journalisten, besonders an der Wiederbewaffnung, qualifizierte er als linkslastig ab: Solche Artikelschreiber wirkten – so beschreibt Arnulf Baring Adenauers Einschätzung –, ob gewollt oder nicht, als „sozialdemokratische Hilfstruppe" oder gar als „Handlanger der Kommunisten"[10]. Entsprechend war die „Frankfurter Rundschau" in den Augen des Kanzlers ein „sozialistisches Blatt"[11], und selbst die „Welt" ordnete er in diese Schublade ein, als auch sie es sich erlaubte, die Wiederbewaffnung zu kritisieren[12]. Genauso versuchte Adenauer, Paul Sethe, Mitherausgeber und Leiter der politischen Redaktion der „Frankfurter Allgemeinen Zeitung", aus der Redaktion herauszudrängen[13]. Sethe – der „Bolschewistenfreund"[14], so Adenauer in einer Kabinettssitzung – war wiederholt für Verhandlungen mit der Sowjetunion und gegen eine „Politik der Stärke" eingetreten. Folglich sah sich Adenauer einer Anti-Aufrüstungskoalition gegenüber: Aufgrund der „Agitationen der kommunistischen

Partei und der Sozialdemokratischen Partei, aufgrund von Rundfunkkommentaren und Zeitungsäußerungen" sei die Wiederbewaffnung so unpopulär[15].

Arnulf Baring geht so weit zu behaupten, Adenauer habe die Funktion der Medien als vierte Gewalt nicht begriffen oder nicht akzeptieren wollen[16]. Etwas vorsichtiger formuliert heißt es anderenorts: „Adenauer wollte die Presse für sich gewinnen, sie kontrollieren, ja vielleicht sogar beherrschen. Gleichwohl wußte er, daß es unmöglich war."[17]

Sicher ist jedenfalls, daß Adenauer von den Medien mehr Gefolgschaft forderte, als diese ihm gewähren durften und wollten. Da sie sich nicht zu Regierungsdienern degradieren ließen, mußte Adenauer anderswo nach Propagandisten seiner Politik suchen. Das „Presse- und Informationsamt der Bundesregierung" (BPA) schien ihm für diese Aufgabe geeignet.

Kostenlose Werbemaschinerie: Das Presseamt

Offizielle Aufgabe des „Presse- und Informationsamtes der Bundesregierung" war und ist es, als Katalysator in zwei Richtungen zu wirken: Zum einen soll das Amt die Bundesregierung über die „öffentliche Meinung" informieren, zum anderen der Öffentlichkeit die Politik der Bundesregierung vermitteln.

Daneben aber stand das Presseamt von Anfang an zur Verfügung, um mit mehr als nur regierungsamtlicher Öffentlichkeitsarbeit zu dienen: Allzu verführerisch war es für die Regierungsparteien – gerade in Wahlkampfzeiten – die Behörde als getarnte kostenlose Werbemaschinerie zu nutzen.

Das Amt war auf Anweisung Adenauers entstanden, ohne daß es je einen echten Organisationserlaß dafür gegeben hätte. Dem Finanzministerium wurde im Oktober 1950 lediglich die Existenz des neuen Amtes mitgeteilt. Der Zugriff darauf war für die Regierungsparteien problemlos: Zwischen 1950 und 1958 unterstand die Behörde dem Bundeskanzleramt, von da an unmittelbar dem Bundeskanzler.

Der erste erfolgreiche BPA-Chef, Felix von Eckardt (ab Februar 1952), trennt in seinen Memoiren die offizielle Funktion von der inoffiziellen: „Um zum Wahlerfolg zu kommen [...], mußte mit einer sehr sachlich gestalteten Informationspolitik erst einmal Vorarbeit" geleistet werden.

Und weiter: Dabei „durfte und konnte nicht die Aufgabe des Amtes sein, Propaganda zu machen. Dazu bestand, um den gewünschten Effekt zu erreichen, auch keine Notwendigkeit."[18]

Die Realität – gerade der fünfziger Jahre – entlarvt diese Unterscheidung als Fiktion. Eckardt, der zugleich politischer Berater Adenauers war, nutzte das Presseamt als werbewirksames Instrument für die Regierungspolitik[19]. Sein langjähriger Stellvertreter Werner Krueger bestätigt dies: Als Richtschnur für seine Arbeit in dem „rein auf die Bedürfnisse des Kanzlers zugeschnittenen Amt" (Baring) habe ihm Adenauer mit auf den Weg gegeben:„Und demnächst überlegen Sie auch mal [Adenauer zu Krueger, d. Autor], ob und wie das Amt vielleicht auch Propaganda für die Regierungspolitik machen kann."[20]

Nach Krueger sei es „frommer Selbstbetrug" anzunehmen, staatliche Informationspolitik könne so neutral sein, daß sie nicht parteiübergreifend „direkt oder indirekt die Willensbildung der Wahlbürger"[21] beeinflusse. Genau diesen Trennstrich versuchte das Bundesverfassungsgericht 1977 im sogenannten „Öffentlichkeitsarbeitsurteil" zu ziehen. Die Richter versuchten, mit Hilfe eines Kriterienkatalogs zwischen zulässiger (notwendiger) Öffentlichkeitsarbeit und unzulässiger Wahlkampfbeeinflussung zu unterscheiden. Das Gericht erteilte dem Bundespresseamt als staatlichem Organ ein klares Verbot, auf die Willensbildung der Bevölkerung einzuwirken, um dadurch die Herrschaftsmacht von Parteien zu erhalten. Wenn für die Praxis dadurch die tendenzielle Bevorteilung von Regierungsparteien durch amtliche Öffentlichkeitsarbeit auch nicht restlos ausgeschlossen werden konnte, so war das Urteil zumindest in einem Punkt deutlich: Der mißbräuchlichen Kooperation zwischen Regierungspressestellen und Parteien (und deren offenen oder verdeckten Ablegern) wurde ein rechtlicher Riegel vorgeschoben.

Das „Öffentlichkeitsarbeitsurteil" war auf Betreiben der CDU erwirkt worden. Die SPD hatte zwar nach der Bundestagswahl 1965 eine entsprechende eigene Klage erhoben, sie jedoch 1969 zurückgezogen. Unter anderem deshalb, weil sie sich als Regierungspartei zu diesem Zeitpunkt bereits der Möglichkeit regierungsamtlicher Wahlhilfe bedient und mit vom Presseamt bezahlten Broschüren geworben hatte[22]. Die Versuchung, das Presseamt zum eigenen Vorteil zu nutzen, war folglich keineswegs nur auf eine bestimmte Partei begrenzt[23].

Der Ausblick bis in die siebziger Jahre war notwendig, um überhaupt einordnen zu können, wie die CDU in der Ära Adenauer das noch nicht in gerichtliche Schranken gewiesene Presseamt benutzte, um ihre Macht zu stabilisieren. Wenn der zeitliche Vorgriff auf den ersten Blick wie eine Relativierung dieser Versuche erscheint, so ergibt er bei genauerer Betrachtung den Hintergrund, vor dem sich die Praxis der fünfziger Jahre um so drastischer abhebt. Vor allem ein Mann zeigte sich als Meister darin, die Möglichkeiten des Amtes auszuschöpfen: der erste Staatssekretär im Bundeskanzleramt, Otto Lenz.

Der Initiator: Staatssekretär Lenz

Gegenüber Heinrich Böx, seinem ersten Regierungssprecher, soll Adenauer den Wunsch geäußert haben, er brauche einen „demokratischen Goebbels"[24]. Anlaß für diesen ungeheuerlichen Scherz (der darauf hindeutet, wie wenig vom Nationalsozialismus begriffen worden war) war das „informationspolitische Dauertief"[25], in dem Adenauers Regierung steckte. Nur ein relativ geringer Teil der Bevölkerung war nach Umfragen mit der Regierung einverstanden[26]. Das Bundespresseamt war zu diesem Zeitpunkt für seine „blamable Ineffektivität"[27] berüchtigt.
Es war Staatssekretär Lenz, der von Ende März 1951 an maßgeblich dafür sorgte, daß sich die dunklen Wolken rechtzeitig vor der Bundestagswahl im September 1953 verzogen. Adenauer holte den „findigen und fintenreichen"[28] Berliner Rechtsanwalt auf Anraten seines engsten Zuarbeiters, Hans Globke, ins Bundeskanzleramt. Lenz zeigte seine „psychologische Meisterschaft sowohl in der Beurteilung der Wählermassen wie der schwachen Punkte der Opposition"[29]. Er agierte als oberster Bundespressechef, das BPA gehörte als Unterbehörde in seinen Zuständigkeitsbereich. Lenz wurde „von Adenauer der Aufbau eines Propagandaapparates anvertraut, mit dem der Erdrutschwahlsieg von 1953 errungen"[30] wurde. Lenz „bringt endlich in die Öffentlichkeitsarbeit Schwung, baut das Bundespresse- und Informationsamt auf, etabliert und finanziert Organisationen im vorparlamentarischen Raum, läßt den Herausgebern regierungsnaher Wochenzeitschriften Gelder aus irgendwelchen Reptilienfonds zukommen [...], umgarnt oder bedroht Chefredakteure, Rundfunkintendanten, Korrespondenten [...]."[31]

Lenz erkannte den Wert der Demoskopie für eine Regierung zu einem Zeitpunkt, als noch kaum jemand wußte, was sich hinter diesem Begriff überhaupt verbarg: Schon um die Jahreswende 1950/51 schloß er mit dem befreundeten Ehepaar Elisabeth Noelle und deren Mann Erich Peter Neumann (und parallel mit dem EMNID-Institut in Bielefeld) die ersten Verträge über eine kontinuierliche Untersuchung des öffentlichen Meinungsbildes[32] – nicht zuletzt im Hinblick auf das sich abzeichnende Problem Wiederbewaffnung.

Was man sich von der Demoskopie erhoffte, hatte Elisabeth Noelle, die Begründerin des Allensbacher Instituts, in ihrer 1940 verfaßten Dissertation beschrieben. Titel der Doktorarbeit: „Meinungs- und Massenforschung in den USA. Umfragen in Politik und Presse"[33]. Die Autorin überlegt darin, wie ihre in Amerika gewonnenen Erfahrungen auf Deutschland zu übertragen seien:

„Die durch die Massenbefragung einmal eröffnete Aussicht, in die Gedanken, Gewohnheiten und Stimmungen einer beliebig großen anonymen Menge Menschen einzudringen, erscheint in unserem Zeitalter des Zusammenschlusses der Menschen zu gewaltigen Massen oder organischen Volkskörpern als ein so echter Gewinn [...], daß es fast wie eine Verpflichtung scheint, auch unter europäischen, insbesondere deutschen Verhältnissen den Gedanken der Massenbefragung in irgendeiner Form auszuwerten. Daß das unter ganz anderem Vorzeichen als in den Vereinigten Staaten zu geschehen hätte, ergibt sich aus der deutschen Auffassung vom Wesen der öffentlichen Meinung, nach der, in den Worten des Reichsministers Dr. Goebbels, die öffentliche Meinung zum größten Teil das Ergebnis einer willensmäßigen Beeinflussung ist."[34]

Weit mehr, als es dem Bundeskanzler lieb sein konnte, erweckte Lenz selbst einen Eindruck, bei dem sich die Öffentlichkeit an einen „demokratischen Goebbels" erinnert fühlte. Er entwickelte 1953 den Plan zu einem „Informationsministerium", an dessen Spitze er selbst stehen wollte. „Der Spiegel" brachte den geheimen Plan im August 1953 an die Öffentlichkeit. Das Nachrichtenmagazin prägte die Bezeichnung „Über-Ministerium" und sprach von der „Kombination eines Bundesministeriums für Volksaufklärung und Propaganda mit einem Bundessicherheitshauptamt"[35]. Den propagandistischen Teil des Informationsministeriums sollten das Bundespresseamt, die ADK und die „Bundeszentrale für Heimatdienst" bilden – die Vorläuferin der „Bundeszentrale für politische

Bildung", die zu diesem Zeitpunkt noch stark CDU-beherrscht war. Die geheimdienstliche Hälfte sollte die „Organisation Gehlen" übernehmen.[36] Überlegungen zu einem Ministerium dieser Art hatten nur acht Jahre nach Goebbels' Propagandaministerium keine Chance. Der Plan platzte in der Öffentlichkeit, sowohl im In- als auch im Ausland, wie eine Bombe. Da half es nichts, daß Lenz für seine Person auf eine unangreifbare politische Vergangenheit verweisen konnte[37].

Nach der gewonnenen Bundestagswahl 1953 startete Lenz als CDU-Bundestagsabgeordneter[38] einen zweiten Anlauf zu einem „Informationsministerium", allerdings in einer abgespeckten Version: Lediglich das Standbein Propaganda sollte das Ministerium bilden.

Lenz' Fraktionskollege Gerd Bucerius gab das Fanal zum erneuten Abschuß des Projektes. Auf Seite eins der „ZEIT" erinnerte er an „Des Dr. Goebbels Überministerium"[39]. Der Artikel weist auf die mögliche Dimension des Lenz-Projekts hin. Ohne das „Über-Ministerium" auch nur zu erwähnen, zeigte Bucerius dessen Gefahren auf:

„Es [Goebbels' Propagandaministerium, im folgenden Promi genannt, d. Autor] fing auch ganz harmlos an [...]. Manche Presseleute meinten, es sei schließlich egal, ob sich die für die Presse zuständige Behörde nun Presseabteilung der Reichsregierung oder Propagandaministerium nenne. Aber die so redeten, übersahen, daß es etwas anderes ist, ob ein Beamter, der Pressechef der Reichsregierung, der Presse Informationen, Ratschläge und Wünsche der Regierung übermittelt oder ob ein ehrgeiziger Politiker mit starkem Rückhalt in der Regierungspartei sämtliche Propagandamittel monopolisiert, um mit deren Hilfe [...] die Regierungspolitik zu fördern."[40]

Wichtig im Hinblick auf die ADK ist eine weitere Passage des „ZEIT"-Textes: „Rechnet man dazu, daß das Promi auch noch versuchte, Sicherheitsaufgaben an sich zu ziehen, indem es durch seine Propagandaämter in den Landeshauptstädten diesbezügliche Berichte anfertigen ließ, dann kann man die Machtfülle erkennen, die potentiell in einem solchen Überministerium liegen muß."[41]

Die westlichen Alliierten meldeten, mehr oder weniger diplomatisch verklausuliert, ihren Protest gegen das Vorhaben an, die Bundespressekonferenz sah die Freiheit der Publizistik eingeschränkt. Adenauer – der zunächst Zustimmung signalisiert haben soll – sah sich gezwungen, sich von den Lenz-Plänen zu distanzieren: Er sei von Anfang an dagegen gewesen, ließ er verlautbaren[42].

Der erneute Rückschlag entmutigte Lenz nicht: Im Juni 1954 stellte er der Öffentlichkeit den Plan für einen „Koordinierungsausschuß für Verlautbarungen der Bundesregierung" vor. Wiederum wollte Lenz dessen Vorsitzender sein. Dem Gremium sollten Vertreter der Verwaltung, der Regierung und außerdem Abgeordnete der Koalitionsparteien angehören. Sein wesentlicher Zweck wäre es – dem Namen gemäß – gewesen, die regierungsamtliche Öffentlichkeitsarbeit zu koordinieren. Wiederum ließ der öffentliche Entrüstungssturm Adenauer keine andere Möglichkeit, als seinen ehemaligen Staatssekretär im Regen stehen zu lassen und den Plan vom Tisch zu wischen.

Wie weit waren die Befürchtungen der Öffentlichkeit berechtigt? Was verbirgt sich tatsächlich hinter den Plänen von Otto Lenz, der „dynamischsten und zugleich umstrittensten Figur der CDU/CSU in Sachen Öffentlichkeitsarbeit?"[43] Da war zunächst seine Grundüberzeugung, eine moderne Demokratie müsse sich genauso verkaufen wie ein großes Wirtschaftsunternehmen. Der Staat habe die Pflicht zur Selbstdarstellung. Je besser die Mittel dabei zusammengefaßt seien, so Lenz, desto besser das Ergebnis. Die Notwendigkeit dafür ergab sich für Lenz aus dem Versagen der Weimarer Republik, die Menschen an sich zu binden[44].

Hinter diesem Ansatz könnte ein Konzept für staatsbürgerliche Bildungsarbeit vermutet werden. Aber Lenz siedelte seine Pläne so an, daß Demokratie und Regierung deckungsgleich wurden. Aus dem Werben für den Staat wurde Werbung für die Regierung; aus der Erläuterung, was Politik will, wurde eine Beschreibung, was die Politik einer bestimmten Partei will – nämlich die der CDU.

Diese Verquickung wurde selbst da deutlich, wo Lenz sich zu rechtfertigen versuchte. In einer Radiosendung des Bayerischen Rundfunks nahm er im Oktober 1953 Stellung zu seinen Absichten. Darin fragt er: „Besteht in allen [Bundes-, d. Autor] Ländern ein moderner staatsbürgerlicher Unterricht? Wie haben wir die Achtung vor den Staatssymbolen gefördert? Wie haben wir die Demokratie für die breiten Massen der Bevölkerung populär gemacht?"

Doch schon im übernächsten Absatz heißt es:

„Haben wir die Politik der Regierung, von der ja nun einmal das Schicksal des Volkes abhängt, in hinreichendem Maße, in verständlicher Form und mit modernen Methoden dem Staatsbürger klargemacht?"[45]

Inhaltlich hatte der von Kritikern gezogene Vergleich mit dem nationalsozialistischen Propagandaminister keine Berechtigung. Die Machtfülle jedoch, die ein Informationsministerium à la Lenz einer Regierung in die Hände gegeben hätte, zielte gefährlich in Richtung eines Propagandamonopols. Mit dem Wissen um das geplante „Überministerium" müssen die nachfolgenden Unternehmungen von Lenz betrachtet werden. Lenz versuchte nun, seine ehrgeizigen Ziele zu verwirklichen, indem er sich ganz jenen Organisationen widmete, die er in den vorangegangenen Jahren auf privatrechtlicher Grundlage gegründet hatte. Es „begann die Vielzahl von Organisationen zu florieren, die mit Hilfe von Presseamtssubventionen öffentliche Meinungsbildung zugunsten der Regierung betrieben. Diese Verlagerung der Koordinationsbestrebungen auf das informelle Beziehungsnetz zwischen Parteiorganisation und Ministerialbürokratie gedieh zu seinem ureigensten Metier."[46]

> „Konrad Adenauer, dessen Stellvertreter im Parteivorsitz ich 1956 wurde, hat nie danach gefragt, was die Bevölkerung draußen meint und was sie will. Hätte er sie damals befragt, dann hätten wir keinerlei Bundeswehr, keine Sicherheit, keinen Beitritt zur NATO, keine europäische Entwicklung, weil die Stimmung sehr stark vom ‚Ohne uns' geprägt war. Deshalb war es notwendig, wenn die Entscheidung getroffen war, danach der Bevölkerung zu sagen, warum eigentlich die Entscheidung so fallen mußte und nicht anders. Dazu ist dieses Instrument damals entstanden, die ‚Arbeitsgemeinschaft Demokratischer Kreise'. Und wenn damals diese Stabilität geherrscht hat bei den Fragen Westbindung, NATO und Verteidigungsbeitrag, dann ist das sehr stark auf die Arbeit der ADK zurückzuführen."
> *Kai-Uwe von Hassel,*
> *ehem.Verteidigungsminister und Bundestagspräsident*

Lenz betätigte sich als Ziehvater unter anderem folgender Organisationen: „Deutsche Atlantische Gesellschaft", „Gesellschaft für Auslandskunde", „Bundeszentrale für Heimatdienst", „Mobilwerbung", „Europa-Bildungswerk", „Gesellschaft Freies Europa", „Bund europäischer Jugend", „Staatspolitische Aktion", „Politischer Kreis Oberschulen", „Europäische Arbeitsgemeinschaft", „Europäische Zeitung", „Bund aktiver Demokraten", „Wirtschaftspolitische Gesellschaft 1947"[47].Der Erfolg dieser Institutionen war unterschiedlich, einige überlebten ihren (1957 gestorbenen) Erfinder nicht. Andere wie etwa die „Mobilwerbung", die mit einer Armada von zu Kinos umgewandelten VW-Bussen durch die Lande fuhr und CDU-Werbung betrieb, waren von Bedeutung. Eine Organisation wenigstens aber spielte, zumindest nach ihrer Selbstdarstellung, die „entscheidende"[48] Rolle für die Wiederaufrüstung in der Bundesrepublik: die „Arbeitsgemeinschaft Demokratischer Kreise". Von Anfang bis Ende der ADK war Hans Edgar Jahn ihr Leiter.

Propagandist und Antikommunist: Hans Edgar Jahn

Hans Edgar Jahn gehörte zu den engsten Beratern von Lenz und wurde von diesem als „der Beste" seiner „public-relations-Leute"[49] bezeichnet. Jahns Ansicht nach dienten die Pläne des Staatssekretärs einer „staatsbürgerlichen Erziehung" sowie einer „breitgestreuten und fortlaufenden Öffentlichkeitsarbeit". Lenz hätte nichts anderes zu realisieren versucht als die notwendige „elementare Selbstdarstellung eines Staates". Keinesfalls wäre diese „identisch mit Propaganda für die Regierungspartei"[50] gewesen.
Der 1914 geborene Jahn selbst läßt sich „Pionier der politischen Public Relations"[51] in der Bundesrepublik nennen. In der Öffentlichkeit ist der ehemalige CDU-Bundestagsabgeordnete (1965 bis 1980) und EG-Parlamentarier (1969 bis 1979) allerdings aus einem anderen Grund bekanntgeworden: Von der CDU, deren Bundesvorstand er von 1970 bis 1978 angehörte, wurde er im Rentenalter fallengelassen, als seine Vergangenheit als NS-Propagandist und NS-Führungsoffizier ans Licht kam. Da Jahn die prägende Person in der ADK gewesen ist, ist es wichtig, dessen Werdegang über seine Rolle in der Ära Adenauer hinaus zu betrachten. Wenn dabei ausführlich von Jahns NS-Vergangenheit die Rede ist, so ist das kein Selbstzweck. Fast ein halbes Jahrhundert nach 1945 hat die NS-Karriere eines Mannes wie Jahn, der in Bad Godesberg lebt und gerne von seiner Arbeit *nach* 1945 erzählt, nur noch sekundäre Bedeutung. Jahn steht vielmehr stellvertretend für eine Gesellschaft, die einen Mann wie ihn wohlwollend in den eigenen Reihen aufnahm.

1949 belegte die britische Besatzungsmacht Jahn, der sich seit 1947 dem Aufbau der CDU in Schleswig-Holstein verschrieben hatte, mit Redeverbot. In einer Parteiveranstaltung hatte Jahn in Kiel die Wiederbewaffnung mit den Worten gefordert:
„Jeder Bauer hat einen Hofhund, jedes Dorf seine Feuerwehr, wir brauchen gegen den bolschewistischen Imperialismus für Freiheit und Sicherheit auch Soldaten."[52]
Das Redeverbot war für Jahn eine weitere Bestätigung für die „Unfreiheit der öffentlichen Meinung" in Deutschland *nach* 1945. Unter den Besatzungsmächten, „die sich dazu noch als Befreier aufspielten," hätten die Medienvertreter lernen müssen, ‚auf Linie' zu schreiben. Sie, die Besatzungsmächte, hätten mit ihren Entnazifizierungsbemühungen die ‚Rechtstradition und das rechtsstaatliche Denken' in Deutschland zerstört"[53] – so Jahn 1987.
Zweifellos muß der Jahn-Ausspruch von 1948, der ihm das Redeverbot einbrachte, in die Atmosphäre des Kalten Krieges eingeordnet werden[54]. Doch für Jahn – der ein Regierungsstipendium (150 Mark monatlich) an der NS-gesteuerten Berliner Hochschule für Politik erhalten hatte[55] und dort auch Elisabeth Noelle kennenlernte[56] – war die Sowjetunion ein altbekannter Feind. 1943 hatte er die Sowjets in seinem Buch „Der Steppensturm – der jüdisch-bolschewistische Imperialismus" als „Bastarde zwischen Tier und Mensch" beschrieben[57]. In dem Buch heißt es: „Mit der Vernichtung des Bolschewismus wird der letzte große Versuch des Judentums nach Erringung der Weltherrschaft zerschlagen werden [...]. Die germanischen Völker werden, wie zu Beginn der Geschichte, um einen Herd versammelt sein. Über allen wird schützend und schirmend das Deutsche Reich stehen. Noch nach Jahrtausenden aber wird die Menschheit und vor allem die Jugend mit Achtung und Ehrfurcht einen Namen nennen: Adolf Hitler."[58]
Den Engländern und Amerikanern prophezeite Jahn, sie würden „eines Tages Gott im Himmel danken, wenn der deutsche Sieg sie vor der ihnen zugedachten Bolschewistenherrschaft geschützt hat"[59]. Darüber hinaus sprach Jahn im „Steppensturm" von der „ganzen Erbärmlichkeit der jüdischen Rassenseele"; er bezeichnete Juden als „Bastardgestalten" und attackierte die „typisch jüdische Heuchelei".[60]
Der SPD-Bundestagsabgeordnete Helmut Schmidt zitierte Jahn 1957, dieser habe vor Bundeswehroffizieren gesagt, ein Krieg mit der Sowjet-

union sei „unausbleiblich"[61]. Jahn habe dafür plädiert – so entnahm Schmidt einer dienstlichen Bundeswehraufzeichnung des Jahn-Referats – ehemalige Soldaten als „Fachmänner für die notwendigen Vorbereitungsarbeiten mit heranzuziehen"[62]. 1981 bewies Jahn noch einmal die Unwandelbarkeit seiner Ansicht von der Sowjetunion. Den deutschen Überfall auf die Sowjets 1941 ordnete er laut „Spiegel" so ein: „Nach allem, was wir heute wissen, war es aus politischen, ideologischen und militärischen Überlegungen und Befürchtungen ein Präventivkrieg."[63] Mit seiner nationalsozialistischen Vergangenheit hat Jahn nach eigenen Worten in zweijähriger englischer Kriegsgefangenschaft gebrochen. Von da an habe er sein „weiteres Leben dem Kampf gegen jede Form von totalitärer Herrschaft" gewidmet[64], unter anderem als Vorstandsmitglied der „Europäischen Konferenz für Menschenrechte und Selbstbestimmung". Doch im Nachrichtenmagazin „Der Spiegel" tauchte Jahns Name auf, als er sich im EG-Parlament für normale Beziehungen zum Obristenregime in Griechenland einsetzte[65] oder Südafrikas Apartheidpolitik als „Vorbild für ganz Afrika" bezeichnete, weil es den Schwarzen „nirgends so gut wie hier"[66] gehe. Offensichtlich unterschied Jahn zwischen Diktaturen westlicher und östlicher Machart.

Jahn personifizierte ein Charakteristikum der jungen Bundesrepublik: Der schmutzige NS-Antikommunismus wurde als ein geläuterter in die Demokratie übernommen[67]. Gemäß dem Motto: Bevor jemand anfange, an der NS-Vergangenheit herumzumäkeln, solle er sich erst einmal dem neuen Totalitarismus entgegenstellen. Jahns aus seiner unzweideutig ‚braunen' Vergangenheit geretteter Antibolschewismus war propagandistisch gefragt.

Jahn arbeitete schon von 1948 an wieder als Journalist, und zwar für das „Flensburger Tageblatt" und die „Kieler Nachrichten". Zugleich war er im schleswig-holsteinischen CDU-Landesvorstand für Publizistik und Werbung zuständig[68]. Schon im Bundestagswahlkampf 1949 bildete er CDU-Redner rhetorisch aus. Ab Herbst 1952 saß er im Wahlkampfstab für Adenauer[69].

Jahn war klar, daß die Propaganda alten Stils abgewirtschaftet hatte. Er suchte eine der Demokratie gemäße Werbeform – und fand sie in den „Public Relations" (PR) der USA. Schon 1952 hätte er sich in den Vereinigten Staaten im Auftrag von Lenz ein Bild davon machen sollen. Doch dann sprach sich der Staatssekretär gegen die Reisepläne aus. Die Begründung, so Jahn selbst: „Aber Lenz hat dann gesagt, das geht jetzt nicht, Sie müssen jetzt hier die PR für die Verteidigungsfragen machen, weil Sie da schon einiges angeleiert haben."[70] Statt dessen wurde Hilde Heilmann, ADK-Kuratoriumsmitglied und im Vorstand der Münchener „Gesellschaft für Auslandskunde" (ebenfalls eine Lenz-Schöpfung) tätig, in die USA geschickt[71]. Der enge Bezug der Heilmann-Exkursion zur ADK ist finanziell nachweisbar: Über das ADK-Konto wurden dafür 5000 Mark abgerechnet[72].

Jahn aber war es, der das theoretische Gerüst für die „Beziehungen zur Öffentlichkeit" auf die Bundesrepublik übertrug – und die neugewonnenen Kenntnisse für die ADK nutzte. Reklamehafte Werbung und Parteireden hätten nach zwölf Jahren nationalsozialistischer Propaganda keine Chance mehr, erkannte Jahn. Rhetorische „Betäubungsmittel zur erfolgreichen Benebelung der Massen" hätten ausgedient. Die Menschen würden dahinter Unehrlichkeit und Betrug wittern.

Statt dessen sei Vertrauenswerbung nötig. „Propaganda sucht die Masse, Public-Relations-Arbeit den Menschen"[73], formulierte Jahn. Er entdeckte die Diskussion, die Begegnung von Mensch zu Mensch, als die geeignete Kommunikationsform. In seinen theoretischen Ausführungen dazu heißt es, daß diese Form der „Menschenansprache" geprägt sein müsse „von Toleranz, Wahrheit und Sachlichkeit"[74]. Nicht nur müsse die Meinung Andersdenkender geachtet werden, sondern die PR selbst habe lediglich die Aufgabe, dem einzelnen die Fähigkeit zu geben, durch sachliche Aufklärung und das Abwägen von Pro und Kontra eine eigene Position zu beziehen. Nur „geistig unabhängigen Persönlichkeiten" könne diese Aufgabe anvertraut werden.

Doch schon in Jahns theoretischen Erläuterungen von 1955 finden sich Formulierungen, die Zweifel an seinen Überlegungen wecken. Jahn schreibt, PR solle die „Bevölkerung von der Bedeutung aller geplanten Vorhaben überzeugen", sie solle „Verständnis und Übereinstimmung mit dem eigenen politischen Handeln herbeiführen"[75]. Oder: „Unter PR wird jede Tätigkeit verstanden, die informiert, Gedanken formt und auf die Öffentliche Meinung durch alle geeignet scheinenden Mittel (Presse, Funk, Film, Wort usw.) einwirkt."[76]

Als er am Beispiel der ADK beschreibt, wie seine Organisation in 4000 Diskussionen 1952/53 über den Deutschland- und EVG-Vertrag aufklärte, wird sein eigentliches Ziel offenkundig. Jahn resümiert: „Bei der

Auswertung [...] ergab sich, daß insgesamt 70 Argumente gegen die Vertragswerke vorgebracht wurden, deren Klärung eine echte Auseinandersetzung notwendig machte."[77]
Was also blieb von Jahns Theorie in der Praxis bestehen? Erstens: Die Idee einer neuartigen, zeitgemäßen „Propaganda" durch „indirekte Methoden", wie sie das Presseamt 1954 bezeichnete, um die Effektivität der ADK hervorzuheben[78]. Zweitens: Genauso unerkannt wie diese Propaganda mußte auch deren Auftraggeber bleiben. Eine offene Verbindung zur CDU oder eine offizielle Angliederung an die Regierung kam nicht in Frage. Drittens: Jahn übernahm die „Two-Way-Street"[79] der Public Relations. Die ADK versuchte nicht nur, auf die Menschen einzuwirken, sondern sie gab auch nach oben an die Regierung die Stimmungslage der Bevölkerung weiter.
Mehr noch: Mit den über die ganze Bundesrepublik ausgestreckten ADK-Fühlern konnten Verfassungsfeinde, wirkliche und angebliche, aufgespürt und gemeldet werden. Das eigene Toleranzprinzip beherzigte die ADK nicht: Andersdenkende wurden bis bundesweit in Diskussion hinein verfolgt oder aus dem Verborgenen heraus diffamiert.
Eine Frage, die ebenfalls über die Bedeutung der ADK Aufschluß geben könnte, ist die nach dem Gewicht der Person Jahn im Bonner Machtgefüge. Jahn bezeichnet sich im Untertitel seines Buches von 1987 als Adenauers „Berater". Wie oft war Jahns Rat gefragt? Nur ein unbefriedigendes Sammelsurium solcher Fälle läßt sich zusammentragen. Zum Beispiel: Jahn wurde nach eigenen Worten im Vorfeld beteiligt an der Bestellung Felix von Eckardts zum Bundespressechef; Adenauer schickte ihn zweimal ins Saarland, um für die CDU Vermittlungsgespräche mit der französischen Vorstellungen zugeneigten Christlichen Volkspartei (CVP) zu führen; im Frühjahr 1962 besuchte Jahn die zerstrittenen Minister Gerhard Schröder und Franz Josef Strauß, um diese zu versöhnen[80]. Und Jahn war als Beobachter präsent bei fast allen Verhandlungen über den EVG-Vertrag und den NATO-Beitritt, zum Beispiel bei der Londoner Neun-Mächte-Konferenz im September/Oktober 1954 und der Pariser Konferenz im Anschluß daran[81].
Bei Sachkundigen sorgte die Selbsttitulierung „Berater" für Kopfschütteln. Ein Mann der zweiten Garde versuche, so hieß es, sich in den Vordergrund zu schieben. Immerhin hatte Jahn nur über die Staatssekretäre Zugang zum Bundeskanzler. Weder im Bundestag noch in der

Vertriebenenpolitiker Jahn: Plädoyer für die „Wiedervereinigung des dreigeteilten Deutschlands" (Foto dpa).

niedersächsischen CDU (sein Bundestagswahlkreis war Braunschweig) gelang es ihm, in eine Spitzenposition zu kommen[82]. Allerdings war er im EG-Parlament Präsident des Informationsausschusses und außenpolitischer Sprecher der christdemokratischen Fraktion. In Bonn aber galt Jahn nur etwas als PR-Experte – als Berater auf diesem Gebiet, wenn man so will.

Auch bei den Vertriebenen, die zu seiner Hauptklientel zählten, avancierte der in Pommern geborene Jahn nicht zum politischen Aushängeschild. Zwar ist er bis heute „Präsident der Pommerschen Abgeordnetenversammlung", doch im Bund der Vertriebenen (BdV) kam er über das Amt des Stellvertreters (per Stichwahl) 1967 nicht hinaus.

Vor allem setzte sich Jahn für die Soldaten ein. Die Liste der Soldatenverbände, in denen Jahn sich engagierte, ist lang. Jahn war beteiligt an der Gründung der Arbeitsgemeinschaft ehemaliger Soldaten in der CDU, des Deutschen Marinebundes, des Verbandes Deutscher Soldaten (VDS) und am Zusammenschluß deutscher und europäischer Soldatenorganisationen. Ebenso war er Vorsitzender des Verteidigungsbeirates der CDU in Niedersachsen, sowie Mitglied des CDU-Bundesbeirates für Sicherheitsfragen, und er gab von 1956 bis 1976 mit Klaus Neher (in Zusammenarbeit mit dem Verteidigungsministerium) das in der Bundeswehr offiziell verwendete „Taschenbuch für Wehrfragen" heraus.

Drei Eigenschaften zählten folglich zur Persönlichkeit Hans Edgar Jahns: sein in Diktatur und Demokratie gleichermaßen extremer Antikommunismus, seine selbstgewählte Aufgabe Propaganda und seine Vorliebe für das Militär. Alle drei Faktoren verschmelzen in der von ihm geschaffenen Organisation: der ADK.

---

[1] Jahn, An Adenauers Seite, S. 68.
[2] Fritz Sänger, Verborgene Fäden, Bonn 1978, S. 155.
[3] Hanns Jürgen Küsters, Konrad Adenauer, die Presse, der Rundfunk und das Fernsehen. In: Konrad Adenauer und die Presse, Rhöndorfer Gespräche, Band 9, hrsg. v. Karl-Günther von Hase, S. 13–31. S. 17.
[4] Ebd., S. 18/19.
[5] Werner Krueger, Konrad Adenauer und das Presseamt. In: wie Anm. 3, S. 32–43. S. 41.
[6] Küsters, Adenauer, Presse und Fernsehen, S. 19.
[7] Baring, Kanzlerdemokratie, S. 327. Die Erklärung Heinemanns über seinen Rücktritt

als Innenminister 1950 druckte beispielsweise nur die „Stuttgarter Zeitung" ab. – Vgl.: Reinhard Appel, Konrad Adenauer aus der Sicht der Presse. In: wie Anm. 3, S. 44–50.

8) Vgl. Adenauer, Teegespräche 1950 – 1954, 1955 – 1958, 1959 – 1961, hrsg. von Rudolf Morsey/Hans-Peter Schwarz, bearb. von Hanns Jürgen Küsters, Berlin 1984, 1986, 1988. – Im Privatarchiv Kruegers befindet sich ein ganzer Ordner, gefüllt mit Korrespondenzen mit Rundfunk- und Presseleuten, die sich darüber beklagen, zu den „Teegesprächen" nicht zugelassen worden zu sein.

9) Vgl. Baring, Kanzlerdemokratie, S. 307–313. Ebenso: Küsters, Adenauer, Presse und Fernsehen, S. 19.

10) Baring, Kanzlerdemokratie, S. 328.

11) So Adenauer beim „Teegespräch" mit Journalisten am 2. März 1962. Zitiert nach: Küsters, Adenauer, Presse und Fernsehen, S. 21.

12) Protokoll der dritten Sitzung des Bundesvorstandes der CDU vom 1. 7. 1957. In: „Wir haben wirklich etwas geschaffen." Die Protokolle des CDU-Bundesvorstandes 1953 – 1957, hrsg. u. bearb. v. Günter Buchstab (u. a.) im Auftrag der Konrad-Adenauer-Stiftung, Düsseldorf 1990, S. 1259.

13) Baring, Kanzlerdemokratie, S. 324. Gegenüber den FAZ-Besitzern ließ Adenauer durch Staatssekretär Lenz den Wunsch äußern, die FAZ solle sich von Sethe trennen.

14) Zitiert nach: Baring, Kanzlerdemokratie, S. 324.

15) Konrad Adenauer, Erinnerungen, Band 1, 1945 – 1953, Stuttgart 1965, S. 387.

16) Baring, Kanzlerdemokratie, S. 327.

17) Küsters, Adenauer, Presse und Fernsehen, S. 19

18) Heinrich Böx, Paul Bourdin, Heinrich Brand und Fritz von Twardowski waren zuvor nur kurze Zeit auf ihrem schwierigen Posten geblieben: Sie waren entweder zu sehr Journalisten, um das Amt zu organisieren, oder zu sehr Beamte, um mit den Journalisten umgehen zu können. Felix von Eckardt, Ein unordentliches Leben, Düsseldorf/Wien 1967, S. 264.

19) Besonders deutlich wird dies an Eckardts Begründung, warum er nach einem Intermezzo als UNO-Botschafter 1956 wieder auf seinen Posten als Regierungssprecher zurückkehrte: „Er [Globke, d. Autor] zeigte mir die Resultate der letzten Meinungsumfragen, nach denen die SPD in der Gunst der Wähler um einige Prozente vor der CDU/CSU lag [...]. Die Besorgnis vor den kommenden Wahlen ließ alle Gegensätze in den Hintergrund treten." – Ebd., S. 431.

20) Krueger, Adenauer und das Presseamt, S. 36.

21) Ebd., S. 40.

22) Ebenso war der Etat der Friedrich-Ebert-Stiftung erhöht und die SPD-nahe Zeitschrift „Die neue Gesellschaft" in den Förderungskatalog des Presseamtes aufgenommen worden. Vgl. „Der Spiegel" vom 14.10.68 (Nr. 42), S. 44.

23) 1970 war es an der CDU, der SPD-geführten Regierung den „totalen Mißbrauch" des Presseamtes „für parteipolitische Zwecke" vorzuwerfen. – „Der Spiegel" vom 27.7.70 (Nr. 31), S. 29.

24) Zitiert nach: Walter Henkels, Die leisen Diener ihrer Herren. Regierungssprecher von Adenauer bis Kohl, Düsseldorf/Wien 1985, S. 9/120.

25) Krueger, Adenauer und das Bundespresseamt, S. 37.

[26] Hans-Peter Schwarz, Der Aufstieg, Stuttgart 1986, S. 776.
[27] Horst O. Walter, Das Presse- und Informationsamt der Bundesregierung. Eine Untersuchung zu Fragen der Organisation, Koordination und Kontrolle der Presse- und Öffentlichkeitsarbeit der Bundesregierung, Frankfurt 1982, S. 276.
[28] Baring, Kanzlerdemokratie, S. 8.
[29] Hans Edgar Jahn, Otto Lenz. In: Christliche Demokraten der ersten Stunde, hrsg. von der Konrad-Adenauer-Stiftung für politische Bildung und Studienförderung, Bonn 1966, S. 243–266.
[30] Schwarz, Aufstieg, S. 524.
[31] Ebd., S. 663, 784/78.
[32] Die CDU war 1953 die einzige Partei, die ihren Wahlkampf konsequent auf Ergebnisse der Demoskopie aufbaute. – Hirsch-Weber/Schütz, Wähler und Gewählte, S. 29.
[33] Elisabeth Noelle, Amerikanische Massenbefragungen über Politik und Presse, Limburg 1940.
[34] Ebd., S. 133/134.
[35] „Der Spiegel" vom 26.8.53 (Nr. 35), S. 5.
[36] General Gehlen war im Zweiten Weltkrieg Chef der „Abteilung Fremde Heere Ost" gewesen, die Material über die Rote Armee auswertete. Im Zeichen des Kalten Krieges hatten die Amerikaner die Organisation Gehlen mit einem festen Jahresetat von etwa sechs Millionen Dollar übernommen. Dafür lieferte Gehlen den Amerikanern regelmäßig Berichte über Ostprobleme. Gleichzeitig avancierte die Organisation zur geheimen Quelle des Bundeskanzleramtes für Informationen aus Osteuropa. In der souverän gewordenen Bundesrepublik nahm Gehlen auf dem Chefsessel des Bundesnachrichtendienstes Platz.
[37] Der im Justizministerium beschäftigte Lenz hatte es 1938 abgelehnt, im NS-Staat Richter zu werden (und gehörte auch nicht der NSDAP an). Lieber schied Lenz aus dem Staatsdienst aus und ließ sich als Rechtsanwalt nieder. Juden suchten ihn als Verteidiger auf, wenn ihr Eigentum beschlagnahmt worden war. Lenz zählte zumindest zum weiteren Umfeld des Widerstandskreises um Carl Friedrich Goerdeler. Nach dem 20. Juli 1944 wurde er wegen Nichtanzeige von Hochverrat zu vier Jahren Zuchthaus verurteilt. – Vgl. Otto Lenz, Im Zentrum der Macht. Das Tagebuch von Staatssekretär Lenz 1951 – 1953, hrsg. u. bearb. v. Klaus Gotto (u. a.) im Auftrag der Konrad-Adenauer-Stiftung.
[38] Globke übernahm den ihm von Beginn an zugedachten Posten als Staatssekretär, den er wegen seiner nationalsozialistischen Vergangenheit zunächst nicht hatte antreten können. – Vgl. dazu unten Teil 4, Kapitel 5: Die Vergangenheit: Kein NS-Versorgungsverein.
[39] „Die ZEIT" vom 17.9. 1953, S. 1.
[40] Ebd.
[41] Ebd. Vgl. dazu unten Teil VI, Kapitel 4: Qualitäten als halboffizielles Überwachungsorgan.
[42] „Der Spiegel" vom 26.8.53, S. 5.
[43] Baring, Kanzlerdemokratie, S. 295.
[44] Jahn, Otto Lenz, S. 247.

[45] Zitiert nach: Ebd., S. 250.
[46] Walker, Presse- und Informationsamt, S. 295.
[47] Die Liste ist aus verschiedenen Quellen zusammengestellt worden: Bestand Bundespresse- und Informationsamt im Bundesarchiv Koblenz (im folgenden wird dieser Bestand als B 145 bezeichnet); Baring, Kanzlerdemokratie, S.10; Walker, Presse- und Informationsamt, S. 36.
[48] Interview mit Jahn.
[49] Lenz, Tagebuch, Eintragung vom 19. März 1952, S. 281.
[50] Jahn, Otto Lenz, S. 254, 257.
[51] Aktiv für Deutschland. Dr. Hans Edgar Jahn wird 75. Dem Pionier der politischen Public Relations, hrsg. vom „Studienkreis Sicherheitspolitik" (SKS), SKS-Schriftenreihe, 1989 (Nr 5). Jahn gehört dem Studienkreis selbst an.
[52] Zitiert nach: Ebd., S. 6.
[53] Jahn, An Adenauers Seite, S. 19, 20, 72.
[54] Jahn war nach eigenen Worten so sehr davon betroffen, daß er selbst zum Spionageobjekt der DDR wurde: Vom westdeutschen Bundesnachrichtendienst sei ihm ein umfangreiches DDR-Dossier ausgehändigt worden, das Informationen bis hin zum Schulweg seiner Kinder und seinen Vorlieben für bestimmte Weinsorten enthielt. – Interview mit Jahn.
[55] „Frankfurter Rundschau" vom 23.5.79.
[56] Interview mit Jahn.
[57] Zitiert nach: „Der Spiegel" vom 18.6.79 (Nr. 25), S. 104; ebenso: „Frankfurter Rundschau" vom 23.5.1979.
[58] Zitiert nach: „Frankfurter Rundschau" vom 23.5.79.
[59] Ebd.
[60] „Der Spiegel" vom 10.7.57 (Nr. 28), S. 23; Ebenso: „Frankfurter Rundschau" vom 23.5.79.
[61] „Der Spiegel", 1957 Nr. 28, S. 23. Der Bundestag setzte wegen der Affäre einen Untersuchungsausschuß ein, der die Jahn-Zitate überprüfen sollte. Nach Worten von Jahn ist in dem Ausschuß „lange debattiert worden", dann habe Schmidt die Anschuldigungen fallengelassen (Interview mit Jahn). Zumindest erweiterte der Ausschuß nach einer längeren geheimen Sitzung seine Zielsetzung: Die ADK insgesamt sollte demnach überprüft werden. FAZ vom 11. 6. 57.
[62] „Der Spiegel" vom 10.7.57 (Nr. 28), S. 23.
[63] „Der Spiegel" vom 17.8.81 (Nr. 34), S. 15.
[64] „Der Spiegel" vom 18.6.79 (Nr. 25), S. 23.
[65] Zusammen mit anderen Politikern und Wirtschaftsleuten besuchte Jahn die Militärjunta auf deren Einladung 1970 auch. – „Der Spiegel" vom 8.6.70 (Nr. 24), S. 96.
[66] „Der Spiegel" vom 18.7.62 (Nr. 29), S. 68.
[67] So weit geht bei Jahn diese Kontinuität, daß selbst in seinem Buch von 1987 im Register der Name Willy Brandts mit dem Zusatz „alias Frahm" versehen ist. – Jahn, An Adenauers Seite, S. 488.
[68] Jahn, An Adenauers Seite, S. 33.
[69] Ebd., S. 46, 236/237.
[70] Interview mit Jahn.

71) Jahn sollte in den Folgejahren noch des öfteren den Atlantik überqueren, 1960 zum Beispiel, um zu erkunden, was aus den riesigen Wahlkampfmaschinerien von Republikanern und Demokraten für die CDU übernommen werden könnte. – Vgl. Jahn, An Adenauers Seite, S. 393–400.
72) B 145/1030. Lenz-Anweisung an das Presseamt vom 21.1.52. – Heilmann hielt bereits am 3. Dezember 1951 bei der ADK unter dem Titel „Public Relations in Amerika" einen Vortrag über ihre USA-Erfahrungen. – B145/1030.
73) Hans Edgar Jahn, Gesellschaft und Demokratie in der Zeitwende, Köln 1955, S. 338/339.
74) Jahn, An Adenauers Seite, S. 95.
75) Jahn, Gesellschaft und Demokratie, S. 302, 336.
76) Ebd., S. 336.
77) Ebd., S. 308.
78) B 145/1031, Aufzeichnung des BPA-Abteilungsleiters Inland, Wolfgang Glaesser, vom 23.9.54.
79) Jahn, Gesellschaft und Demokratie, S. 355.
80) Jahn, An Adenauers Seite, S. 109–111, 285, 346.
81) Interview mit Jahn.
82) Jahn scheiterte, wie vorab erwartet, 1968 bei der Wahl zum stellvertretenden CDU-Landesvorsitzenden in Niedersachsen. – FAZ vom 16.9.68.

GRÜNDUNG

Adenauer-Politik: Das Synonym für Demokratie

Anfang 1951 findet Staatssekretär Lenz ein Exposé auf seinem Schreibtisch, das sein Interesse weckt. Titel des Entwurfs: „Demokratische Informations- und Bildungsarbeit auf der Grundlage der angelsächsischen PR-Technik". Lenz paßt das Exposé ins eigene Propagandakonzept, da auch er davon überzeugt ist, daß die Presse gegenüber Adenauers Politik mit Vorurteilen belastet ist. Er bittet den Verfasser zu einem Gespräch. Am 17. Juni 1951 trifft der Staatssekretär Hans Edgar Jahn in Schleswig-Holstein, zwei Monate später noch einmal in Bonn.
Jahn erläutert, die Menschen wollten nach zwölf Jahren Nationalsozialismus und der „bedingungslosen Unterwerfung des ganzen Volkes unter den Willen der Sieger" nichts mehr mit Politik zu tun haben. Für das Funktionieren der Demokratie sei es aber notwendig, den weit verbreiteten Ohne-mich-Standpunkt zu überwinden. Die Menschen müßten durch die Begegnung im Gespräch zur Mitarbeit aufgefordert werden. Die Bundesbürger flüchteten – anstatt in demokratische Parteien – in Gruppen und Vereine, um ihre Interessen durchzusetzen. Im vorpolitischen Raum „war eine Begegnungsebene für die Parteien geschaffen, die sie bisher übersehen hatten".
Offiziell nahm die ADK dementsprechend stets einen „überparteilichen"[1] Status ein. In ihren Richtlinien wird das Ziel beschrieben, „die Demokratie im Volksbewußtsein zu verankern, das Volk zu politischer Mitarbeit und Verantwortung heranzuziehen und damit den verfassungsmäßigen demokratischen Einrichtungen eine tragfähige Grundlage zu schaffen"[2].
Gleichzeitig lassen sich zahllose Belege zusammenstellen, die im Widerspruch zu der behaupteten Unabhängigkeit stehen. Nicht zufällig unterbreitete Jahn seine Überlegungen zum ersten Mal auf dem ersten Bundesparteitag der CDU 1950 in Goslar: Mit der bundesweiten Konstituierung der Christdemokraten „konnte die Werbung für die Partei von gesicherter Grundlage aus beginnen"[3], so Jahn. In einem nur für den internen Gebrauch bestimmten Vertrag zwischen ADK und Presseamt von 1956 hieß es unter Paragraph eins: „Die Arbeitsgemeinschaft Demo-

kratischer Kreise wird beauftragt, in enger Zusammenarbeit mit dem Presse- und Informationsamt Aufklärungsarbeiten über innen- und außenpolitische Fragen auf der Grundlage der Erfahrung der Public-Relationsarbeit durchzuführen, um die deutsche Öffentlichkeit über Ziele und Aufgaben der Bundesregierung zu unterrichten."[4]

Als die ADK aufgelöst wurde, sprach Jahn von „Verrat" an der „Adenauerlegion"[5]. Heute sagt er, die ADK sei ein „Ausleger von Adenauer" gewesen. „Wir haben die Regierungspolitik von Adenauer vertreten, wir haben sie sogar in Slogans festgelegt und unterstützt."

Es ist verblüffend, wie die Erziehung zur Demokratie mit dem Werben für eine Partei gleichgesetzt wurde, ohne bei den ADK-Mitarbeitern selbst Widerspruch hervorzurufen. Zwar war das Bekunden, nach einer Verfestigung des „überparteilichen" demokratischen Gedankenguts zu streben, zuallererst vorgetäuscht, weil notwendig für die Effektivität der ADK. Doch scheint das Täuschungsmanöver fast eine Selbsttäuschung gewesen zu sein. Hinter der Gleichsetzung schimmert eine ehrliche Überzeugung hervor, die auf dem grundlegenden Mißverständnis beruhte, die CDU sei ein Synonym für den demokratischen Staat schlechthin. Die Identifikation von Regierungspartei und Staat gehörte zum Erscheinungsbild der fünfziger Jahre – und war vermutlich gerade innerhalb der ADK gegenwärtig.

Die mangelnde Selbstreflexion ändert jedoch nichts daran, daß der Wille zur Verschleierung der eigentlichen ADK-Ziele maßgeblich war. Lediglich im Rückblick scheint dieser Versuch allzu durchsichtig, nicht aber aus der Perspektive der fünfziger Jahre. Im Januar 1952 beispielsweise fragte das Bundesinnenministerium beim Presseamt erstaunt nach, was es mit einer Organisation namens ADK auf sich habe, die Informationsmaterial angefordert hätte. Die kurze und nichtssagende Antwort des BPA-Abteilungsleiters Inland, Glaesser: „Es wird darum gebeten, diese Gruppe bei all ihren Bemühungen in jeder Hinsicht zu unterstützen."[6]

Auf eine ähnliche Anfrage der schleswig-holsteinischen FDP antwortete Glaesser drei Monate später sogar bewußt mit einer Unwahrheit. Er behauptete, daß nach seinem Wissen die ADK „nicht mit Mitteln der öffentlichen Hand arbeitet, sondern sich private Hilfsquellen eröffnet hat"[7].

Die „Deutsche Revisions- und Treuhand-Aktiengesellschaft" in Düsseldorf erhielt den Auftrag zur Wirtschaftsprüfung bei der ADK mit der

Der richtige Kanzler fürs Volk:
Mit solchen Plakaten warb die ADK für Adenauer (Privatarchiv Stosch).

Begründung, sie böte die „beste Gewähr" für die „erforderliche Geheimhaltung"[8]. Die Prüfungsberichte wurden als „streng vertraulich" behandelt. Und auch die Prüfer gingen in ihrem Bericht für das Geschäftsjahr 1952/53 davon aus, die ADK hätte das „demokratische Leben" aktivieren wollen[9]. Gleichzeitig schwebten sie im Ungewissen: Der „Aufgabenkreis der ADK" sei „endgültig noch nicht festgelegt".

Soweit als möglich blieb es bei mündlichen Absprachen. Selbst die Gehälter wurden lediglich nach mündlichen Vereinbarungen gezahlt. Ein schriftlicher Vertrag zwischen Bundespresseamt und ADK wurde erst fünf Jahre nach deren Gründung, im März 1956, abgeschlossen – obwohl das Bundespresseamt schon vor der Rechnungsprüfung 1953/54 einen Vertragsentwurf erarbeitet hatte.

Die ADK war nicht festgelegt, nur für einen bestimmten Politikbereich zu werben. In ihrer Zentrale bildete sie Ausschüsse für Verteidigungs-, Wirtschafts-, Außen- und Sozialpolitik. Berichte an das Bundespresseamt konnten einen Rundumschlag über tagespolitische Themen, teilweise kurios anmutend, enthalten. Ein einzelner Bericht wies zum Beispiel zugleich auf Unmut über Preiserhöhungen bei Kaffee, Bundesbahntarifen und Margarine hin, sprach von öffentlicher Kritik an den Gesetzesregelungen zum Artikel 131 Grundgesetz und empfahl der Bundesregierung, Bonner Ministeriumsneubauten in mehrere kleinere Gebäude zu unterteilen – um dem Gerücht entgegenzutreten, man glaube nicht an die Wiedervereinigung und die künftige Hauptstadt Berlin und lasse sich am Rhein häuslich nieder[10].

Trotz dieser kunterbunten Vielfalt war es vom 5. Dezember 1951 an, dem offiziellen Gründungstag, die geheimgehaltene Hauptaufgabe der ADK, sich für die Wiederbewaffnung zu engagieren. 80 Prozent der Arbeit waren nach Jahns Schätzung auf dieses Ziel ausgerichtet. Daneben sei die europäische Integration mit deutlichem Abstand das zweite vorherrschende Thema gewesen. Die ADK warb für die Montanunion, und sie widmete sich verstärkt den „Römischen Verträgen" von 1957, nachdem das Thema Wiederbewaffnung an Vordringlichkeit verloren hatte. Zwischen den Themen Europa und Verteidigung ließ sich nach damaliger Anschauung eine Verbindungslinie ziehen: Die europäische Einbindung der westdeutschen Streitkräfte sollte Schutz vor einem wiedererwachenden Militarismus bieten.

Die ADK besaß diesem Arbeitsschwerpunkt gemäß eine eigene „Abtei-

lung Verteidigung und Sicherheit", die von einem hochgestellten ehemaligen Wehrmachtsoffizier geleitet wurde, zunächst vom ehemaligen Kapitän Otto Kretschzmer – von Jahn als „erfolgreichster" Unterseebootkommandant geschätzt -, dann von Admiral a. D. Sorge. Die Abteilung verfügte über 120 Referenten, um die „psychologische Vorbereitung des Verteidigungsbeitrages" voranzutreiben. Die Zahl stieg bis 1956 auf 500. In einer eigenen „Schriftenreihe für Wehrpolitik" schrieben vorrangig Autoren der Dienststelle Blank oder ehemalige Offiziere.
Für die ADK war es keine Frage, ob eine Wiederbewaffnung notwendig war: Für sie ging es nur darum, wie die neue Armee aussehen sollte[11].

Die Praxis: „Bis in die kleinste Ortschaft hinein"

Gleich in allen drei bis zum Rechnungsjahr 1953/54 vorliegenden Berichten der Wirtschaftsprüfungsgesellschaft steht in dieser oder ähnlicher Formulierung der Satz: „Ob die von der ADK im Rechnungsjahr 1953/54 geleistete Gesamtarbeit in einem angemessenen Verhältnis zu den Zweckaufwendungen steht, entzieht sich unserer Beurteilung."
Was die Prüfer aber registrierten, war ein kontinuierliches Wachstum der ominösen Organisation. Die Zahl der hauptamtlichen Mitarbeiter des Leiters Jahn war von zunächst acht – der Prüfbericht vom März 1952 führt Gehälter für drei Sekretäre und Sekretärinnen, Karteiführerin, Kassierer, Buchhalter, Außenreferent und Archivar auf – ein Jahr später auf zwölf gestiegen, 1954 waren es bereits 24, darunter beispielsweise Portier, Chauffeur und Hausmeister. 1967 standen schließlich fast 100 Mitarbeiter hauptberuflich in Lohn und Brot bei der ADK[12].
Die Zahl der Mitarbeiter insgesamt gaben die Prüfer im März 1953 mit 6030 an. 1967 waren in der ADK-Kartei 102.883 Adressen eingetragen.
Im Oktober 1953 zog die ADK mit ihren drei Abteilungen Organisation, Kontaktberichterstattung/Informationsmaterialversand und Materialbeschaffung/Buchhaltung in die Lindenallee in Bad Godesberg. Bis dahin war sie wegen Büromangels auf verschiedene Quartiere in Bonn aufgeteilt gewesen. In der dreistöckigen Villa mit Versandabteilung im Keller, Büroräumen im Parterre und im zweiten Stock wohnte der Leiter Jahn in einer mietfreien Vierzimmer-Dienstwohnung in der ersten Etage[13].
Bereits im März 1952 verfügte die Arbeitsgemeinschaft über Landes-

organisationen in Schleswig-Holstein, Hamburg, Bremen, Niedersachsen, Westfalen, im Rheinland, in Hessen, Baden-Württemberg, Bayern und Berlin[14]. Das Netz in der Bundesrepublik wurde immer engmaschiger gezogen: Innerhalb weniger Jahre wurden Gebiets-, Kreis- und Ortsbeauftragte geworben.

Wenn es darum ging, neue ADK-Kräfte zu gewinnen, mußte sich die ADK nicht allein auf ihr Schneeballsystem verlassen, bei dem jeder neue Helfer zugleich als neuer Werber auftrat. Auch das Bundespresseamt war eine wirkungsvolle Hilfe. Das BPA reichte potentielle Mitarbeiter direkt an die ADK weiter.

Die Bundesrichterin Dr. Gerda Krueger-Nieland etwa schien dem BPA – und folglich auch Jahn – eine überdurchschnittlich wertvolle Mitarbeiterin zu sein. Jahn bat die Richterin auf BPA-Wunsch um ihre Mitarbeit und schrieb: „Wir wissen um Ihren besonderen Einfluß innerhalb der deutschen Frauenverbände."[15] Genauso vermutete Glaesser Ende Januar 1952 in einer „Kulturellen Jugendgemeinschaft" in Schwäbisch Gmünd einen neuen „Stützpunkt" für die ADK: Die 18 bis 25 Jahre alten Jugendlichen hatten sich empfohlen als eine „aktionsfähige Arbeitsgemeinschaft, die sich nicht nur auf die Abwehr kommunistischer Aktionen beschränkt, sondern auch viel Positives für die staatsbürgerliche Erziehung der Jugend leistet".[16]

Immer wieder setzten auch die über das Presseamt Angeworbenen Demokratie und Adenauerpolitik gleich: Der Rheinpfälzer Hans Dürr beispielsweise riet dem Presseamt, „zum Wohle unseres Vaterlandes und zur Förderung der von Ihnen geführten Regierung" eine „gutgeleitete Propaganda"[17] aufzuziehen – und wurde vom Presseamt darauf hingewiesen, daß eine solche Organisation in Form der ADK schon bestehe. Der ehemalige CDU-Schriftleiter Klaus Becker beklagte sich beim Presseamt, daß es die Regierung an der „notwendigen Härte fehlen" lasse, „mit der allein man der absoluten Negation der oppositionellen Propaganda entgegentreten"[18] könne. „Die Samthandschuhe sind endlich zu Hause zu lassen und auf einen groben Klotz auch ein grober Keil zu legen." In der ADK fand Becker sein propagandistisches Zuhause.

Wofür aber wurden all diese Mitarbeiter gebraucht? Wofür wurde ein solcher Aufwand betrieben? Wie sah die Arbeit der ADK in der Praxis aus? Jahn schreibt: „Vornehmster Grundsatz im Gesamtwirken der Arbeitsgemeinschaft ist es, mit ihrer politischen Aufklärungstätigkeit die Menschen in allen Lebensbereichen zu erfassen und sie zur Mitarbeit zu gewinnen."[19]

In Versammlungen, Tagungen, Filmvorführungen, Diskussionen „bis in die kleinste Ortschaft hinein"[20] vertrat die ADK ihre politischen Ansichten. Schon 1952 zählte die Zentrale in Bonn bundesweit 1077 „Aufklärungsveranstaltungen und Diskussionen" mit 122647 Teilnehmern.[21] Die ADK agierte selbst als Veranstalter oder ihre Referenten traten bei anderen Organisationen auf – ob es sich dabei nun um den Kyffhäuserbund, Soldatenverbände wie das Afrikakorps, Vertriebenenverbände, den Pädagogenverband, eine Studentenverbindung, Kaninchenzucht- oder Sportverein handelte.

1967, so Jahn, hätten Kontakte zu annähernd 700 Organisationen bestanden. Allein die Auflistung der Diskussionen und Tagungen im Bundesgebiet für einen Monat des Jahres 1957 hatte einen Umfang von etwa 40 DIN A4-Seiten. Jede Zeile darin entsprach einer Veranstaltung; im Herbst 1957 waren das beispielsweise 1029 Veranstaltungen mit 71.499 Teilnehmern allein zu wehrpolitischen Themen. Bis 1969 rechnete Jahn über 100.000 Versammlungen unter der Rubrik „Verteidigung und Sicherheit" zusammen[22].

Ihr Material bekamen die Referenten aus der Zentrale in Bonn, die ab 1952 über einen eigenen Informationsdienst, „Politische Informationen" (PI), verfügte. Zwei Versionen existierten davon: Die „Politischen Informationen Ausgabe B", die zweimal wöchentlich mehrere Tausend Mitarbeiter über tagesaktuelle Ereignisse unterrichteten, und die „Politischen Informationen Ausgabe A", die am Ende der Ära Adenauer 120.000 Mitarbeiter erreichten und von denen insgesamt 100 Ausgaben gedruckt wurden. Von Bundespresseamt, Ministerien, Regierung, Botschaften – Jahn behauptet, auch von allen Parteien – ließ sich die ADK mit Broschüren für ihre Mitarbeiter versorgen. Regelmäßig besuchten die Referenten Rhetorikkurse und Seminare.

Ab 1954 verfügte die ADK über eine eigene Rhetorikschule in Rheinbach, deren Gründung das Ministerium für Gesamtdeutsche Fragen unterstützt hatte. Sprecherziehung und politische Kurse standen in Rheinbach in Wochen- und Monatskursen auf dem Stundenplan. „Die Füllung dieser Lehrgänge [mit Interessenten, d. Autor] ist für die ADK gar keine Frage", warb Jahn 1954 bei Staatssekretär Hans Globke für das Projekt. Veranstaltungsberichte „von der Front draußen" – wie es im ADK-Jargon hieß – wurden in der Bonner Zentrale ausgewertet. Täglich wurde ein Extrakt des Meinungsbildes per Kurier an Adenauer weitergeleitet, ebenso eine Analyse von 200 bis 250 Tageszeitungen.

Zweimal wöchentlich trafen sich Jahn und der Staatssekretär des Bundeskanzleramtes – erst Lenz, dann Globke –, dem die ADK direkt unterstellt war. Jahn berichtete über meinungspolitische Entwicklungen, Gefahren für die Bundesregierung und gab auch Handlungsempfehlungen an die Regierung. Der Staatssekretär erläuterte Vorhaben der Adenauerpolitik, erteilte Sprachregelungen und verwies auf Schwerpunkte der künftigen ADK-Arbeit.

„Die Zusammenarbeit mit der ADK konnte nicht vorbildlicher sein", urteilt Jahn. Über die Staatssekretäre erhielt er direkten Zugang zu Adenauer: „Ich brauchte auch gar nicht darum zu bitten, das machte der Staatssekretär, der sagte, das halte ich für wichtig, daß Sie dies dem Bundeskanzler persönlich sagen."[23]

In solchen Fällen ließ Adenauer Jahn „mal rüberkommen" und berichten. „Die Tür zum Zentrum der Macht" war Jahn geöffnet worden.

„Von heute her kann man sich gar nicht vorstellen, daß die ADK Erfolg gehabt hat. Sie ging davon aus, daß sie in möglichst kleinen, überschaubaren Zirkeln mit geschulten Referenten über Vorträge und Diskussionen an ihre Zuhörer herankam, um sie dann hinterher auch noch bei einem Glas Bier und bei einem gemütlichen Beisammensein weiter zu infiltrieren. Heute würde das schon scheitern an dem Angebot, das auf jeden einzelnen durch die modernen Massenmedien zukommt. Damals gab es das alles nicht. Ich glaube, daß psychologisch wie inhaltlich höchst geschickt die ADK hier ihre Aufgabe wahrgenommen hat, ganz beseelt von dem Ziel, wieder eine schlagkräftige Armee auf die Beine zu stellen."
Karl Heinz Ruffmann, Kölner Historiker und Zeitzeuge

Finanzierung: Der „nützliche Reptilienfonds"

Um der Staatsmacht behilflich sein zu können, mußte sich auch die Staatskasse für die ADK öffnen – und zwar unbemerkt von Parlament und

Öffentlichkeit. Noch Wolfgang Hirsch-Weber und Klaus Schütz schätzen in ihrer 1957 erschienenen Untersuchung des Wahlkampfes von 1953 die ADK zwar als bedeutendste CDU-Werbeorganisation ein, doch „trotz intensiver Bemühungen" war es den ansonsten gut unterrichteten Autoren nicht möglich, etwas „über die Finanzierung und die leitenden Kräfte dieser Organisation zu ermitteln"[24]. Wer bezahlte die ADK?
Der stellvertretende BPA-Chef Werner Krueger gibt die Antwort: „Waren die Ergebnisse für seine [Adenauers, d. Autor] Politik und das Ansehen seiner Partei besonders schlecht, dann sagte er schon mal unter vier Augen: ‚Sie haben doch einen Reptilienfonds, ich meine natürlich den Titel 300, offiziell, mit Billigung des Bundestages zur Verfügung! Von seiner nützlichen Verwendung merke ich aber sehr wenig. Sie müssen sich mal was Neues einfallen lassen.' Was dann auch gelegentlich geschehen ist."[25]
Die ADK war solch ein „Einfall": Die gesamte Zeit ihrer Existenz hindurch lebte die ADK von Steuergeld aus dem „Titel 300", dem genauso umstrittenen wie geheimen Etatposten des Presseamtes, der als „Reptilienfonds"[26] berüchtigt war. Bis 1967 unterstand der Titel mit der offiziellen Bezeichnung „Zur Verfügung des Bundeskanzlers für Förderung des Informationswesens" keiner parlamentarischen Kontrolle, sondern wurde lediglich unzulänglich vom Präsidenten des Bundesrechnungshofes geprüft.
Über dem Fonds schwebte stets der wohlbegründete Verdacht, er werde zur indirekten und unsauberen Parteienwerbung verwendet[27]. Der geheime Fonds wuchs rapide: von 450.000 Mark 1950 bis auf 13 Millionen 1959, den Höchststand für die nächsten acht Jahre (1953: 4,5 Millionen; 1955: 11,25). Erst 1967 in der Großen Koalition wurde der Reptilienfonds gebändigt: Er kam unter die Kontrolle eines Unterausschusses des Haushaltsausschusses und wurde auf acht Millionen Mark zusammengestrichen. Aber auch die folgende SPD/FDP-Koalition mochte entgegen allen eigenen Forderungen in Oppositionszeiten niemals ganz auf den Fonds verzichten.
Bereits im Mai 1954 wurde die ADK im Bundestag von SPD-Seite mit dem geheimen Verfügungsfonds in Verbindung gebracht[28]. Von da an hagelte es nach Jahns Worten „zwei-, dreimal jährlich" im Parlament Fragen nach der Geldquelle der ADK. Die CDU und das Bundespresseamt hüllten sich in Schweigen.

Dabei arbeitete die ADK von Beginn an auf Staatskosten. Schon am 19. November 1951 – also noch vor der offiziellen Gründung – hatte Lenz das Presseamt „vertraulich" angewiesen, Jahn für Tagungsvorbereitungen 20.000 Mark zur Verfügung zu stellen[29]. Am 5. Februar 1952 forderte die ADK erstmalig 7000 Mark für die Ausbildung einer „Rednerreserve" und 20.000 Mark für eine „Wehrbeitrags-Aktion" mit 100 Versammlungen[30]. Den Löwenanteil des BPA-Geldes verschlangen Gehälter und Löhne, der Aufbau der Zentrale in Bonn und der Länder-Organisationen, Versammlungs- und Tagungskosten. Bis zum Ende des ersten Rechnungsjahres, März 1952, überwies das Presseamt 412.000 Mark auf das Konto von Hans Edgar Jahn. Im Rechnungsjahr 1952/53 waren es 518.700 Mark, 1953/54 dann 584.337 Mark[31]. Spätestens von diesem Zeitpunkt an verfügte die ADK über einen monatlichen Festetat, der für besondere Ausgaben jederzeit aufgestockt werden konnte[32].

Noch der erste Prüfbericht ging davon aus, daß die Existenz der ADK künftig prinzipiell über Beiträge, private Zuwendungen oder Spenden gesichert werden sollte. Die ADK erhielt jedoch niemals entsprechende Zuschüsse in einer für die Finanzierung bedeutenden Höhe. Jahn erwies sich allerdings als äußerst geschickt, wenn es darum ging, seine zentrale Geldquelle zu verschleiern. Er verwies stets auf jene marginalen Zuwendungen aus Wirtschaftskreisen, von Privatleuten, Ländern oder Städten, die beispielsweise kostenlos einen Tagungsraum zur Verfügung gestellt hatten. Der Bund war danach nur einer unter vielen Geldgebern[33].

Am Tropf des Presseamtes lebte die ADK gut. Jahn wurde ein Anfangsgehalt von 1200 Mark (plus Weihnachtsgratifikation) – mündlich – bewilligt[34]. Im April 1956 bereits war sein Einkommen auf das eines Ministerialdirigenten gestiegen – „und zwar mit Rücksicht auf Ihre persönlichen geschäftlichen und gesellschaftlichen Verpflichtungen einschließlich Aufwandsentschädigung", wie BPA-Chef Forschbach an Jahn schrieb. Noch 1951 stieg der ADK-Chef vom Dienstwagen VW um in einen Opel Olympia, nach einem Unfall entschied er sich für einen Opel Kapitän. 1952/53 wurden für die „Geschäftsausstattung" des Büros Jahn neben vielem anderen ein Contessa-Fotoapparat (473 Mark) und drei Pistolen (540 Mark) benötigt, sogar für einen Schäferhund waren ein Jahr später noch 450 Mark übrig[35].

Intern umstritten war es, daß sich verschiedene Bedienstete des Presseamtes auf die Gehaltsliste der ADK setzen ließen. Heribert Schnippenkoetter, persönlicher Referent von Lenz, dessen handschriftliche Vermerke auch auf mancher Auszahlungsverordnung zu finden sind, gehörte zeitweilig sogar zu den festen freien Mitarbeitern der ADK. In der Zeit von November 1951 bis Februar 1952 bewilligte er sich sozusagen selbst 2300 Mark (Weihnachtsgratifikation inbegriffen). Ebenso tauchte Ministerialdirigent Glaesser[36] auf den Honorarlisten auf, und auch Mitarbeiter der Dienststelle Blank sollen in Einzelfällen bei der ADK verdient haben.

Der stellvertretende Presseamtschef Krueger hatte sich vorab das Einverständnis des Bundesrechnungshofs für die Honorierung seiner Mitarbeiter geholt. Die vom Rechnungshof nach Kruegers Worten akzeptierte Begründung: Die Presseamtsleute arbeiteten in ihrer Freizeit und als Privatpersonen für die ADK. Lenz war jedoch „unangenehm berührt davon", daß sein persönlicher Referent sich eine „Sondervergütung" genehmigt hatte[37]. Auch Jahn behauptet heute, daß gegen seinen Willen beziehungsweise ohne sein Wissen gehandelt wurde.

Jahn selbst ließ sich jedoch bei seinem Buch „Vertrauen, Verantwortung, Mitarbeit" 1954 mit einem Druckkostenzuschuß von 10.000 Mark unterstützen. Genauso bestellte er für ADK-Seminare auf Staatskosten eigene Veröffentlichungen – wie zum Beispiel je etwa 180 Exemplare der Bücher „Gesellschaft und Demokratie in der Zeitwende" und „Rede, Diskussion, Gespräch" für neun „Seminare für Wehrinformation" im Sommer 1956[38].

Allerdings: Schon für die Bücher durfte die ADK in einen zweiten, nicht geheimen staatlichen Topf greifen. Ende 1954 wurde im Presseamt in Zusammenarbeit mit dem Verteidigungsministerium der Titel „Öffentlichkeitsarbeit in Verteidigungsfragen" samt eigenem Referat eingerichtet – der Ideenlieferant dieser für die ADK finanziell vorteilhaften Konzeption war nach eigenen Angaben Hans Edgar Jahn. Ein Grund, beim BPA für die „Wehraufklärung" einen offen deklarierten Erstattungstitel zu schaffen (der über das Verteidigungsministerium abgerechnet wurde), war das Bemühen, das Thema nicht in den Sog der erbittert geführten Haushaltsdebatten um den Titel 300 ziehen zu lassen. 1960 etwa waren aus dem Etat 8,3 Millionen Mark abrufbar.

In Anbetracht der Hauptaufgabe der ADK, den Wehrwillen zu fördern, war der zweite Fonds ADK-maßgeschneidert. Schwierig ist es allerdings,

exakt zu bestimmen, wie stark neben dem offenen Titel weiterhin der geheime von der ADK genutzt wurde.
1957 sprach der Leiter des Referats „Öffentlichkeitsarbeit in Verteidigungsfragen", Hans Küffner, von einem monatlichen Festetat von 130.000 Mark aus dem offenen Fonds – umgerechnet auf das Jahr waren das allein also über 1,5 Millionen. Im Haushaltsjahr 1959/60 bezifferte Küffner die Summe auf 1,2 Millionen Mark[39].
Wie hoch aber war der Anteil aus dem „Titel 300"? Genaue Zahlen sind nicht greifbar. Eine Angabe des „Spiegels" klingt schon im Hinblick auf die Personalkosten glaubwürdig: Das Nachrichtenmagazin ging 1967 von einem ADK-Gesamthaushalt von 2,1 Millionen aus, der für besondere Aktionen, etwa bei Wahlen, zusätzlich um bis zu 1,7 Millionen aufge-

---

„Zunächst gab es Objektverträge, beispielsweise: Sie führen 150 Veranstaltungen über die Frage deutscher Verteidigungsbeitrag Ja oder Nein durch. Nach einiger Zeit hieß es dann aber, die Zentrale muß auch leben, der Herr Jahn muß ein Gehalt haben, seine Mitarbeiter müssen Gehälter haben, und die Autos müssen ran, die Büroeinrichtung, die Kassiererin und der Geschäftsführer und Referenten, und so eine Art Braintrust muß ran, und eine Zeitschrift muß rausgegeben werden. Wer soll das alles bezahlen? Und dann fing das dicke Ende an. Dann mußten wir einen Generalvertrag mit der ADK machen, der stockte sich natürlich immer mehr auf, und wenn ich das recht im Kopf habe, lag er dann bei etwa zwei Millionen Mark im Jahr."
Werner Krueger, damals stellv. Leiter des Bundespresseamtes

---

stockt werden konnte[40]. Der Reptilienfonds war mithin noch immer etwa ebenso bedeutend wie der offiziell unzugängliche. Diese Relation bestätigt auch Werner Krueger für die gesamte Zeit des ADK-Bestehens.
Jahn sah in den permanenten Auseinandersetzungen um den Reptilienfonds eine „künstliche Erregung", vor allem „angesichts des Ausmaßes der Ostblock-Agitation"[41]. Daß es dabei aber für die fünfziger Jahre keinesfalls um unwesentliche Summen ging, belegen Vergleiche: Die CDU

wies im Wahlkampf 1953 nur ein Viertel bis ein Fünftel ihrer Werbung offen als solche aus und bediente sich vorrangig geheimer „Vorfeldorganisationen" wie der ADK. Und: Die größte Werbekampagne der fünfziger Jahre – ab 1956 vom Verteidigungsministerium mit Broschüren und Flugblättern für die Bundeswehr durchgeführt – hatte ein Volumen von 7,8 Millionen Mark.

Ordnet man die ADK-Mittel in dieses Umfeld ein, so muß auch eine sehr vorsichtige Wertung zu dem Schluß kommen, daß die ADK allein aufgrund ihrer finanziellen Ausstattung von einiger Bedeutung gewesen sein muß. Nach Jahns Angaben verfügte die ADK bis zum Beginn der Großen Koalition, also bis 1966, über ihre höchsten Bezüge.

---

[1] Vgl. etwa Hans Edgar Jahn, Was will die Arbeitsgemeinschaft Demokratischer Kreise?, Preetz/Holstein 1961 (6. Aufl.); Ebenso: Hans Edgar Jahn, Lebendige Demokratie. Die Praxis der politischen Meinungspflege in Deutschland, S. 622; Ebenso: Hans Edgar Jahn, Der politische Auftrag der ADK-Arbeit. Rede zum zehnjährigen Bestehen der ADK In: Jahn, An Adenauers Seite, S. 404–415. – Jahn sagt in diesem Text, „daß unsere Überparteilichkeit dort ihre Grenzen findet, wo Links- oder Rechtsradikalismus gegen die rechtsstaatliche Ordnung polemisieren".

[2] Jahn, An Adenauers Seite, S. 102.

[3] Ebd., S. 68.

[4] Interview mit Jahn.

[5] Jahn, An Adenauers Seite, S. 93.

[6] B 145/1030, Brief Glaessers an das Bundesinnenministerium vom 17.1.52.

[7] B 145/1030, Brief Glaessers an den FDP-Landesverband Schleswig-Holstein vom 28.4.52.

[8] Mit diesem Argument schlägt Eckardt die Aktiengesellschaft für diese Aufgabe vor – die übrigens auch eine andere Lenz-Organisation, die „Deutsche Korrespondenz", überprüft. – B 145/1030, Dienstaufzeichnung von v. Eckardt vom 27.2.52.

[9] B 145/1030, Prüfbericht der Deutschen Revisions- und Treuhand-Aktiengesellschaft in Düsseldorf für das Rechnungsjahr 1951/52 vom 28.2.52.

10) B 145/1031, ADK-Bericht über von der Öffentlichkeit diskutierte Probleme vom 26.1.54.
11) Auch Lenz registriert dies in seinem Tagebuch. – Lenz, Tagebuch, Eintragung vom 22.10.52, S. 443.
12) Zu den ADK-Angestellten zählten unter anderem ein Präsident, dessen Vertreter, ein Geschäftsführer, 16 Referatsleiter und Redakteure, die Landesstellenleiter, Sachbearbeiter, Sekretärinnen, Arbeiter.
13) B 145/1030, Wirtschaftsprüfungsbericht für 1953/54.– Heute betreibt Jahn im selben Gebäude eine „Studiengesellschaft für Publizistik".
14) B 145/1030, Wirtschaftsprüfungsbericht für 1951/52.
15) B 145/1030, Brief Jahns an die Bundesrichterin vom 20.5.52.
16) B 145/1030, Brief Glaessers an Jahn vom 28.1.52.
17) B 145/1030, Brief Dürrs an Bundeskanzler Adenauer vom 16.2.52. – Ende 1954 bereute die ADK Dürrs Mitarbeit: Dürr hatte, wie Jahn feststellen mußte, mehrere Verfahren „wegen betrügerischen Bankrotts" am Hals und ging auch mit ADK-Geld „eigenmächtig finanzielle Verpflichtungen" ein. B 145/1031, Brief Jahns an Heribert Schnippenkoetter, persönlicher Referent von Lenz, vom 18.11.54.
18) B 145/1030, Brief Beckers an das Presseamt vom 3.3.52.
19) Jahn, Lebendige Demokratie, S. 622.
20) Jahn, Lebendige Demokratie, S. 623.
21) B/1035, Gesamtübersicht über ADK-Veranstaltungen vom 23.10.57.
22) B 145/1035, Bericht über Vortragsveranstaltungen zu wehrpolitischen Themen für September 1957 vom 12.10.57.
23) Interview mit Jahn.
24) Hirsch-Weber/Schütz, Wähler und Gewählte, S. 24.
25) Krueger, Adenauer und das Bundespresseamt, S. 40.
26) Otto von Bismarck prägte diesen Namen. Er legte 1869 aus dem beschlagnahmten Vermögen des entthronten hannoverschen Königs einen Geheimfonds an, für den keine Abrechnungspflicht bestand. Vor allem Bestechungen in Presse und Politik wurden daraus finanziert. Bismarck soll zur Begründung des Fonds gesagt haben, es gelte, „bösartige Reptilien zu verfolgen bis in ihre Höhlen hinein".
27) Zum Beispiel soll Adenauer im Wahlkampf 1953 den Berliner Nachrichtenhändler Heinz Stephan aus dem Geheimfonds bezahlt haben. Entsprechend einer Information Stephans hatte Adenauer verbreitet, zwei SPD-Bundestagskandidaten hätten Wahlkampfgeld aus der DDR erhalten.
28) Hirsch-Weber/Schütz, Wähler und Gewählte, S. 25.
29) B 145/1030, Brief von Lenz an das BPA vom 19.11.51.
30) B 145/1030, Brief Jahns an Lenz vom 5.2.51.
31) B 145/1030, Wirtschaftsprüfungsberichte für 1951/52, 1952/53, 1953/54.
32) Im Rechnungsjahr 1953/54 lag der Grundstock bei 40.000 Mark monatlich. – B 145/1030, Prüfungsbericht für 1953/54.
33) Interview mit Krueger.
34) B 145/1030, Prüfbericht für 1951/52.
35) B 145/1030, Wirtschaftsprüfungsberichte für 1952/53 und 1953/54.

[36] B 145/1030, Prüfbericht für 1951/52.
[37] Gleich zweimal führt Lenz dies in seinem Tagebuch an. Der Vorfall wurde von ihm genutzt, um sich von Schnippenkoetter, den er sowieso für „ungeeignet" hielt, zu trennen. Draufhin stellte v. Eckardt ihn ein. – Lenz, Tagebuch, Eintragungen vom 19.3.52, S. 281; Eintragung vom 28.3.52, S. 286.
[38] B 145/3537, ADK-Antrag auf Mittelbewilligung für Informations- und Lehrmaterial vom 30.8.56 (zu den Büchern s. Literaturverzeichnis).
[39] B 145/3537, Aufzeichnung Hans Küffners, Leiter des Referats „Öffentlichkeitsarbeit in Verteidigungsfragen", vom 5.5.59.
[40] „Der Spiegel" vom 26.6.67 (Nr. 23), S. 32.
[41] Jahn, Otto Lenz, S. 254.

POSITIONSBESTIMMUNG IM PARTEIGEFÜGE

Wie CDU-hörig war die ADK?

In der ADK hielt sich hartnäckig die Überzeugung von der eigenen Unabhängigkeit. Auch untereinander – also nicht nur nach außen – versicherte man sich, überparteilich zu arbeiten. Es dürfe nicht der Eindruck entstehen, „als wolle man einer Partei zum Wahlsieg verhelfen"[1] – das war die allgemeine Auffassung der ADK-Funktionäre nach fünfjährigem Bestehen. Über die „Jahresendtagung" 1957 schrieb ein Beobachter des Presseamts in seinem Bericht: „Grundprinzip der ADK: Überparteilichkeit durch parteipolitische Neutralität, weil sonst ‚public-relation' nicht verkauft werden kann. Alle Landesbeauftragten vertreten übereinstimmend den Standpunkt, daß sie positive public-relation-Arbeit nur leisten können, wenn sie selbst und ihre Referenten die Überzeugung haben dürfen, daß sie als unabhängige Referenten zu den politischen Fragen Stellung nehmen können. Forderung: Die ADK muß nach außen unabhängig dastehen, weil sonst ihre Überparteilichkeit im vorparlamentarischen Raum nicht glaubhaft erscheint [...]. Weitere Forderung: enge informatorische Zusammenarbeit mit BPA durch verstärkte persönliche Kontakte – jedoch keine sichtbare organisatorische Abhängigkeit."[2]

Versuchte die ADK etwa, sich gegenüber Presseamt und CDU zu behaupten? Oder glaubte sie tatsächlich selbst an die Feigenblätter „überparteilich" und „unabhängig", die sie der Öffentlichkeit beharrlich vorhielt? Sicher erlag die ADK auch hier teilweise jener schon angesprochenen Selbsttäuschung, bei der demokratischer Staat und die Regierung als deckungsgleich galten. Doch die in Anspruch genommene „Neutralität" läßt sich noch genauer als bloßer Schein fassen:

Bei der ersten ADK-Bundestagung 1952 beanstandete das Presseamt, daß die Parteifunktionäre in der Mehrzahl gewesen seien. Damit sei die Zielsetzung der ADK gefährdet. „Wer bereits heute als Funktionär in einer der Regierungsparteien tätig" sei, könne kaum „über den begrenzten Bereich der lokalen Parteianhängerschaft weitere Volkskreise" ansprechen.[3]

Das „parteipolitisch ungebundene Element" müsse künftig stärker in Erscheinung treten.
So also war die erstaunliche Selbsteinschätzung der ADK zu verstehen. „Überparteilich" bedeutete, vom Prinzip her für mehrere Regierungsparteien zu werben; „unabhängig" hieß, Parteimitglieder durften nicht in vorderster Linie stehen. In dieses Bild paßt auch, daß die CDU-Spitze, etwa ihr Bundesgeschäftsführer Konrad Kraske, „die Finger von der ADK ließ", wie sich Krueger erinnert. Persönliches Unbehagen, entweder gegenüber der ADK selbst oder gegenüber der Person ihres Leiters, sollen bei dieser Zurückhaltung ebenfalls eine Rolle gespielt haben. Entscheidende Überlegung aber war: Der elementare Auftrag der ADK war nur zu erfüllen, der „vorparlamentarische Raum" war nur zu erobern, wenn die ADK-Protagonisten nicht von vornherein als regierungsparteiisch abgestempelt waren. Nur dann konnte sie die politikmüde Bevölkerung erreichen, die vor Parteifarben Reißaus genommen hätte. Und nur dann konnte sie vom Presseamt vorgeschickt werden, wenn die Regierungsstelle selbst lieber unerkannt blieb.
Der Münchener Pfarrer Gottfried Traub zum Beispiel, der vor der Bundestagswahl 1953 seiner Gemeinde in einem Rundbrief verkündet hatte, „jede Stimme muß die Regierung Adenauer erhalten und stärken", weil sonst der Bolschewismus triumphiere[4], bekam finanzielle Unterstützung von der ADK. Die wiederum war vom Presseamt aufgefordert worden, dem Pfarrer einen Druckkostenzuschuß für eine größere Verbreitung seines „ausgezeichneten" Rundschreibens anzubieten. „Aus naheliegenden Gründen möchten wir mit Herrn Pfarrer Traub nicht direkt in Verbindung treten."[5]
Selbst 1957 war die ADK in der Öffentlichkeit noch so unbelastet, daß das Presseamt ihr ein 430.000-Mark-Projekt anvertrauen konnte: Die ADK bestieg als Veranstalterin den „Deutschen Wiederaufbau-Zug", eine fahrende Leistungsschau der Regierung Adenauer unter der Überschrift „Versprochen und gehalten"[6]. Bedingung: Das Presseamt dürfe „nicht als Veranstalter oder Auftraggeber genannt werden"[7]. Als es in Lünen zu einem Zwischenfall mit einem Arbeiter kam, der gegenüber der Kriminalpolizei erklärte, er sehe in dem Zug eine „unzulässige Wahlbeeinflussung"[8], geriet der mitreisende ADK-Beauftragte in Bedrängnis. Zwar sagte er gegenüber der Polizei aus, die ADK sei die alleinige Veranstalterin[9], doch erbat er sich vom Presseamt die Genehmigung, die Frage,

... die Presse urteilt ...

„Christ und Welt", Stuttgart

„... die ‚Arbeitsgemeinschaft demokratischer Kreise' ins Leben gerufen. Das ist eine sehr notwendige und sehr nützliche Einrichtung, denn sie stellt allen Gruppen und Kreisen, die politische Fragen sachlich diskutieren wollen, sachkundige (aber keineswegs nur parteipolitisch abgestempelte!) Referenten zur Verfügung. Angeregt, unterstützt oder veranstaltet von dieser ADK, wurden im Laufe der letzten Jahre viele tausend politische Vorträge und Diskussionen abgehalten. Es hat immer sein Bewenden damit gehabt, daß die Redner gefragt wurdenિ ob sie zu dem und jenem Thema sprechen wollen. In keinem uns bekannten Falle ist der Versuch unternommen worden, Drall und Tendenz eines Vortrages zu beeinflussen; die Referenten haben stets so gesprochen, wie es ihre Überzeugung vorschreibt, und ihre Ansichten sind durchaus nicht immer die der Regierung oder der Koalition gewesen ..."
(24. 6. 1954)

„Aachener Nachrichten", Aachen

„... Erfreulich allerdings, daß über die Hälfte der Erschienenen junge Menschen waren, die somit die oft geäußerte Bemerkung, die junge Generation sei politisch uninteressiert, Lüge straften. Hier bot sich einmal in einem Vortrag des Leiters der ADK, Jahn, die nicht so häufige Gelegenheit, die aktuelle weltpolitische Lage wirklich einmal in einer großen, überlegen gegebenen Schau, nicht vom Blickwinkel einer bestimmten Partei, nicht einmal ‚auf Bundesebene', sondern tatsächlich einmal als ‚Weltpolitik' zu sehen, in einer Sicht, die die ganze Erde und die Zusammenballung der großen politischen Kräfte auf ihr überzeugend vor Augen führte ..."
(24. 11. 1955)

„Täglicher Anzeiger", Holzminden

„... Im neuen Jahr will die ADK ihre Arbeit mit dem Ziel der Aktivierung des politischen Interesses und demokratischen Lebens verstärken. Sie wird interessante Themen durch markante Persönlichkeiten der Wissenschaft und des politischen Lebens auf politischen Abenden abhandeln lassen und darüber freie Diskussionen herbeiführen ... So will die ADK dazu beitragen, auf überparteilicher Grundlage — d. h. ohne Bindung an eine bestimmte Partei ... Die Demokratie im Volksbewußtsein zu verankern ... Die Meinung des Staatsbürgers ist ein wichtiger Faktor im demokratischen Staate. Daher will die ADK der Meinungsbildung dienen, aber keiner von vornherein festgelegten Meinung ... Es geschieht alles zwanglos, völlig freiwillig und — das ist charakteristisch für die ADK — ohne jede festgelegte politische Bindung. Es geht also der ADK um zweierlei: Um die politische Bildung, die Meinungsbildung, und um die politische Erziehung zu verantwortungsbewußten und mitarbeitenden Staatsbürgern ..."
(14. 1. 1956)

Eroberung des „vorparlamentarischen Raumes":
Blick in die Pressemappe der ADK (Privatarchiv Stosch).

„Deutsche Tagespost", Würzburg

„... Die ADK ist mit ihren ‚Politischen Informationen' und mit ihrem in zahllosen Vereinen auftretenden Referentenstab so bekannt, daß ihre politische Linie sonnenklar ist. Sie will der Demokratie in Deutschland eine breite Basis schaffen. Sie bekämpft in der Innen- und Außenpolitik Zweideutigkeiten und gefährliche Experimente und vertritt die Gedanken der europäischen Integration und der Verteidigungsgemeinschaft der freien Welt gegen die sowjetische Weltgefahr. In diesem Bestreben wird sie aus Bundesmitteln unterstützt, ohne einen Teil des amtlichen Apparates zu bilden. Sie braucht um ihre Zukunft kaum Sorgen zu haben, da die große Bevölkerungsmehrheit ihre Ansichten teilt. Niemand bedauert mehr als sie, daß die sozialdemokratische Opposition eine Mitarbeit in aller Form abgelehnt hat..."
(31. 7. 1957)

„Cuxhavener Presse", Cuxhaven

„... Im Anschluß an beide Vorträge wurde diskutiert. Und das war auch der Sinn der Tagung, miteinander ins Gespräch kommen, wobei jegliches parteipolitische Gepäck vorher in der Garderobe abzugeben war. Die ADK möchte in solchen Gesprächen gemeinsame Erkenntnisse gewinnen und diese denen nahebringen, die politische Entscheidungen zu treffen haben..."

„... Die große Linie der Tagung war von erfreulich hohem Niveau; getragen von dem Bemühen, sachlich an die Dinge heranzugehen, die allen denkenden Europäern am Herzen liegen..."
(8. 6. 1953)

„Nordwest-Zeitung", Oldenburg i. O.

„... Die ADK wendet sich in ihrer Arbeit vor allem an jene Menschengruppen, die noch abwartend dem politischen Geschehen gegenüberstehen. Sie will mit ihrer politischen Aufklärungstätigkeit die Menschen in allen Lebensbereichen erfassen und sie zur Mitarbeit gewinnen. Die ADK ist davon überzeugt, daß es auf diesem Wege gelingt, den Bürger zur mitverantwortlichen Arbeit zu bringen, das politische Leben auf allen Sektoren zu befruchten, der politischen Zersplitterung und dem Radikalismus Einhalt zu gebieten und dem demokratischen Parteien Mitarbeiter heranzubilden..."
(26. 1. 1956)

„Bremer Nachrichten", Bremen

„... Wenn es im vielfältigen Bereich der Politik eine förderliche, im besten Sinne des Wortes praktische Art des Meinungsaustausches auf der Basis der gegenseitigen Achtung gibt, dann ist es wohl die, miteinander schlicht als Mensch zu Menschen zu sprechen. Daß man dabei dem Andersdenkenden mit der gleichen Aufmerksamkeit zuhört, wie man für seine eigenen Ausführungen in Anspruch nimmt, war eines der beispielgebenden Charakteristika dieser Treffen der Arbeitsgemeinschaft Demokratischer Kreise..."
(28. 8. 1952)

wer ihn bezahle, notfalls wahrheitsgemäß beantworten zu dürfen[10].
Überall dort war die ADK zur Stelle, wo sie als unerkannte Souffleuse für die Regierungsparteien wirken konnte. Zuallererst in Wahlkämpfen. In Bundesländern mit bevorstehenden Wahlen verstärkte die ADK ihre Aktivität, sie beraumte „Sondertagungen" an und ging auf Bitten einzelner Abgeordneter daran, das Wahlgebiet „entsprechend zu bearbeiten"[11].
Die Effektivität der ADK trug dazu bei, ihr das langfristige Überleben zu sichern. Spätestens der Bundestagswahlkampf 1953 war die bestandene Probe aufs Exempel:
Nach der „gewonnenen Schlacht" – wie Glaesser an Lenz schrieb – dürften die „kleinen Funktionäre der ADK nicht vergessen werden". Er habe sich vom „Idealismus und der hundertprozentigen Einsatzbereitschaft gerade der örtlichen ADK-Funktionäre überzeugen" können. Es müsse alles geschehen, „um den Menschen zu helfen, die der Regierung beim Zustandekommen dieses großen Wahlsieges geholfen haben".
Und Anfang 1957, rechtzeitig vor der nächsten Wahl, wartete Jahn mit der beruhigenden Nachricht auf, daß die CDU bis April ihren Popularitätsrückstand gegenüber der SPD ausgleichen könne, wenn „intensiv gearbeitet wird".[12]
Es gibt keine Anzeichen dafür, daß die ADK versucht hätte, sich aus der Rolle als Weisungsempfängerin der Regierungsparteien und des Presseamts zu befreien. Die Abhängigkeit ging so weit, daß wichtigere ADK-Schriften wie die „Politischen Informationen A" einer Präventivzensur des Presseamtes unterlagen[13]. Das Amt entschied ebenso, ob etwa ein Artikel über das Petersberger Abkommen – ursprünglich für das eigene Bulletin gedacht – besser im ADK-Informationsdienst erschien[14]; oder das Amt lehnte ein von Jahn vorgeschlagenes Thema „Grundsatzanalyse der gegenwärtigen Rundfunk- und Pressepropaganda des Sowjetblocks"[15] als „nicht vordringlich" ab und legte diesem Bescheid zugleich das Ersatzmanuskript „Das Wahlprogramm der SPD" bei[16].
Die prinzipiell schwierige Frage nach Unterscheidungskriterien zwischen legitimer Informationspolitik für eine Regierung auf der einen Seite und Parteien-Wahlhilfe auf der anderen stellt sich für die ADK nicht: Sie hatte eindeutig die Funktion, den Machthabern die Macht zu sichern. Wenn es ihr nach eigenem Bekunden darum ging, die Politiklethargie zu überwinden, dann ist das zwar zutreffend. Doch an die Stelle der weitver-

breiteten Ohne-mich-Haltung versuchte sie, die Haltung „Mit-der-CDU-Regierung" zu implantieren.
Wem aber diente die ADK genau, nur der CDU oder allen Regierungsparteien? Mit dem CDU-Mann Jahn an der Spitze, mit dem CDU-Kanzlerberater Lenz als Mentor und einer von der CDU geführten Regierung mußte die christdemokratische Propaganda von vornherein überwiegen. Auf unterer Ebene, bei Bürgermeistern, Kreistagsabgeordneten, Landräten, gehörten CDU-Parteibuch und ADK-Mitarbeit oft zusammen – und dieses Zusammentreffen bereitete auch keinen Ärger, sofern es um generelle Regierungsziele wie die Wiederbewaffnung ging. Fühlte sich etwa die FDP benachteiligt – wie 1952 in Schleswig-Holstein, als sie in der ADK eine Organisation für die „Regenerierung der [...] um ihren Stand besorgten CDU"[17] sah –, dann forderte das Presseamt auf, auch von liberaler Seite sollten sich „möglichst noch nicht parteipolitisch abgestempelte Gesinnungsfreunde"[18] beteiligen.
Problematisch aber wurde es bei Profilierungsanstrengungen der einzelnen Regierungspartner, gerade vor Wahlen. Dann wurde die ADK als Vehikel benutzt, um die eigene Partei nach vorn zu bringen – und das war in der Mehrzahl der Fälle die CDU.
Insgesamt läßt sich sagen: Die ADK war zwar für die Regierungsparteien insgesamt zuständig, in der Praxis aber wurde sie von der CDU dominiert. Bei der ADK handelte es sich vornehmlich um eine Tarnorganisation der CDU.

„Renommmiersozialdemokraten" erwünscht

„Sie fragen, Herr Barzel, warum die ADK weg muß? Jahn und seine Organisation haben der SPD mehr geschadet, als die CDU/CSU zusammengenommen."[19]
So begründete Helmut Schmidt in den Verhandlungen über die Große Koalition die Forderung der Sozialdemokraten, warum die ADK aufgelöst werden müsse. Nach diesem Zitat scheint es auf den ersten Blick fast überflüssig, das Verhältnis zwischen ADK und SPD darzustellen. Und doch war der Graben zwischen beiden nicht so tief, als daß es 1966 nicht auch Stimmen in der SPD gegeben hätte, die für ein Weiterleben der

ADK unter SPD-Beteiligung plädiert hätten[20]. So kompromißlos die Feindschaft oftmals war, so überraschend wurde sie auch immer wieder durchbrochen.

Bei der ADK regierte allerdings die Fiktion über die Realität. In ihrer Propaganda von der eigenen „Überparteilichkeit" schloß sie die Sozialdemokratie ein. Sie erblickte Genossen in ihren Reihen, wo gar keine waren. Fragte ein unvoreingenommener Beobachter auf Tagungen nach, wo denn die SPD-Mitglieder seien, von denen einleitend gesprochen worden war, stellte sich unter Umständen heraus, daß weder welche eingeladen worden waren noch überhaupt welche zur Verfügung gestanden hätten[21].

Der ADK mußte an einer zumindest punktuellen Zusammenarbeit mit der SPD gelegen sein, weil es für sie als Tarnorganisation notwendig war, auf einige „Renommiersozialdemokraten", wie sie Krueger nennt, verweisen zu können. So konnten erstens persönliche Freundschaften Genossen in die ADK führen. Ein Beispiel dafür ist Hans Hackmack vom „Weserkurier" – der Zeitung, bei der auch Felix von Eckardt vor seinem Wechsel ins Presseamt beschäftigt war[22]. Auf kommunaler Ebene wird zweitens ein Zusammenwirken zwischen der SPD und der CDU-beherrschten ADK sowieso eher möglich gewesen sein – ähnlich der überparteilichen Kooperation in der Kommunalpolitik überhaupt.

Drittens ließen sich Sozialdemokraten von dem propagierten Gedanken der staatsbürgerlichen Bildung beeindrucken und suchten nach gemeinsamen politischen Überzeugungen, etwa auf dem Gebiet der europäischen Integration. Prominentestes Beispiel dafür war Carlo Schmid, der aus diesen Überlegungen heraus im Bundestag die ADK verteidigt und sogar bei ihr referiert haben soll[23]. Fritz Erler war so „ – zu recht, wenn man so will – überzeugt davon gewesen sein, daß die ADK niemals einem SPD-Mitglied die Mitarbeit verwehren würde.

Die ADK vergab sich nichts, der SPD im Laufe der fünfziger Jahre mehrfach eine institutionalisierte Zusammenarbeit anzubieten. Diese Gespräche hatten Blitzableiterfunktion und nahmen der Kritik und den bohrenden Fragen nach der Geldquelle den Wind aus den Segeln. Daß solche Angebote abschlägig beschieden werden würden, war von vornherein klar, solange die ADK als treueste CDU-Gefolgschaft auftrat. Wie sollte sie zugleich für das Petersberger Abkommen, für die Montanunion, vor allem aber für die EVG, für die NATO, für die atomare Bewaffnung eintreten

und gleichzeitig die ablehnende Position der Sozialdemokraten einnehmen? Die politische Haltung allein schloß es aus, daß die ADK als Dienerin zweier Herren fungierte.
Der halsbrecherische Spagat war niemals ernsthaft angestrebt worden, er zeigt aber zugleich für den Einzelfall einen weiteren Anknüpfungspunkt einer SPD-ADK-Allianz auf: Die SPD wandte sich zwar scharf gegen die Wiederbewaffnung nach Adenauer-Muster, weil sie der Wiedervereinigung oberste Priorität beimaß und die Partei (nach dem Tod Kurt Schumachers) ein neutrales Gesamtdeutschland und ein kollektives Sicherheitssystem für Europa nicht ausschloß. Generell aber befürworteten große Teile der SPD einen „Wehrbeitrag" – und gerade die genannten Schmid und Erler arbeiteten intensiv an der inneren Struktur der neuen Streitkräfte mit und verfügten über gute Kontakte zu ehemaligen Berufssoldaten.
Eine einmütige Front gegen die Wiederaufrüstung ließ sich folglich nicht in der SPD herstellen, einzelne Genossen plädierten sogar offen für die Form, die die Regierung anstrebte. Solche Ausnahmen waren Jahn eine Erfolgsmeldung an das Presseamt wert:
„In der Anlage überreiche ich Ihnen eine Resolution, die 800 SPD-Bürger Kiels in einer Versammlung der ADK faßten. In dieser Versammlung setzte sich der Sozialdemokrat Ernst Tillich, Berlin, offen für den Verteidigungsbeitrag und Deutschland-Vertrag ein und vertrat die Meinung, daß nur ein militärisch starker Westen mit den Sowjets verhandlungsfähig sei."[24]
Die Anzeichen einer Zusammenarbeit dürfen jedoch nicht überschätzt werden. Die Kooperation zwischen ADK und Sozialdemokraten bot der ADK lediglich einen mangelhaften roten Tarnanstrich auf einem tiefschwarzen Apparat. Die SPD wurde lediglich gerne einmal für ein schmeichelhaftes Gruppenbild in den Blickpunkt gerückt.
Generell befehdete die ADK die SPD nach einem Rezept, das später noch eingehend diskutiert wird[25]. Sie versuchte, die Grenzen zwischen einem demokratischen Sozialismus nach SPD-Muster und dem Sowjetkommunismus zu verwischen – obwohl die SPD selbst sich scharf gegen Kommunisten wandte. Die ADK arbeitete als Propagandistin des Kalten Krieges, den sie in die Innenpolitik trug. Adenauers umstrittener Wahlkampfsatz von 1957 – „Wir glauben, daß mit einem Sieg der SPD [...] der Untergang Deutschlands erfolgt."[26] – war für die ADK gleichsam Programm.

Sie wurde nicht müde, der SPD-Außenpolitik eine „Übereinstimmung mit den Argumenten des Kremls" zu unterstellen; sie sah in einer SPD-Regierung eine „Gefährdung der Zukunft eines freiheitlichen Gesamtdeutschlands"; sie deutete vorsichtig an, daß die Zwangsvereinigung von SPD und KPD in der DDR den Sozialdemokraten gar nicht unlieb gewesen sei[27].

Intern rieten ADK-Mitarbeiter dazu, die Angst der Bevölkerung vor Sozialisierungsmaßnahmen auszunutzen: Gegen die SPD-Forderung nach öffentlicher Kontrolle wirtschaftlicher Macht „läßt sich ausgezeichnet vorgehen unter Hinweis auf die Gefahren der Planwirtschaft." [28] Genauso diente Herbert Wehner der ADK als Zielscheibe, um die Politik der SPD in zweifelhaftes Licht zu rücken. Angeblich neue Aufzeichnungen über seine Zeit im Moskauer Exil mußten dafür – wie 1994 – nicht hervorgezerrt werden. Die Rolle als kommunistischer Abgeordneter im sächsischen Landtag der Weimarer Republik genügte: Im Fall des der Bevölkerung „suspekten" Wehners sei „sofort nachzustoßen", befanden ADK-Mitarbeiter.[29]

Ohne Zweifel sah die ADK in der SPD die größte Gefahr für die CDU-geführte Regierung und damit für die eigene Existenz. Letztlich wurden die Sozialdemokraten sogar als Arbeitgeber der Gegenseite betrachtet, auf den man verwies, um selbst größere Etatmittel zu fordern:
Die „SPD schafft sich überall public-relation-Kontakte, um in immer stärker spürbarem Maße mit Verbänden, Organisationen und Institutionen aller Art im vorparlamentarischen Raum zu einer Zusammenarbeit zu kommen. Beispiele: Vorbildliche Kleinarbeit bei der Vorbereitung der Hamburger Bürgerschaftswahl und bei der Bürgermeisterwahl in Nürnberg."

Umgekehrt war sich die SPD als Partei bewußt, wie sie die ADK einzuschätzen hatte; sie war es, die im Bundestag immer wieder danach fragte, wie die Organisation sich finanziere; sie versuchte, in dem von ihr regierten Bundesland Hessen, die ADK „einzuschränken"[30]; sie veröffentlichte vor Wahlen seitenlange Berichte über „ADK-Machenschaften". Jenseits aller oberflächlichen Kontakte waren SPD und ADK Gegner, ja sogar Feinde, von denen der eine den anderen zu entlarven oder in der Opposition zu halten versuchte.

1) B145/1036, BPA-Bericht über ein ADK-Treffen anläßlich des fünf-jährigen Bestehens vom 6.12.56.
2) Ebd., BPA-Bericht über die „Jahresendtagung vom 7.12.57.
3) B 145/1030, BPA-Bericht über die erste ADK-Bundestagung in Loope vom 18.2.52.
4) B 145/1030, undatiertes Flugblatt des Münchener Pfarrers Traub.
5) Ebd., Brief Glaessers an Jahn vom 17.8.53.
6) B 145/3515, Aufzeichnung Glaessers vom 12.3.57.
7) Brief Kruegers an die mit der Ausstellungskonzeption beauftragte Württemberg-Badische Messegesellschaft vom 23.5.57.
8) Ebd., Aussageabschrift des Drehers Maximilian Polzin bei der Lünener Polizei vom 23.8.57.
9) Ebd., Erklärung des ADK-Mitarbeiters Dr. Robert Thevoz gegenüber der Polizei vom 23.8.57.
10) Ebd., BPA-Aufzeichnung vom 26.8.57.
11) Der Bundestagsabgeordnete Martin Euler richtete 1954 eine entsprechende Bitte an die ADK. – B 145/1031, Brief Eulers vom 20.1.54. Weitere Beispiele für eindeutige ADK-Wahlkampfaktivitäten: Lenz wies 1952 die „Gruppe Jahn" an, „alle Redner [...] jetzt bei den Südweststaatswahlen" einzusetzen (Lenz, Tagebuch, Eintragung vom 5.2.52, S. 245); Jahn schrieb im November 1954 von einer Tagung mit 350 „Kontaktleuten" in Hessen, die mit Blick auf die Landtagswahlen ein „außerordentlicher Erfolg" gewesen sei (B 145/1031, Brief Jahns an das BPA vom 27.11.54); Jahn verwies im Sommer 1954 auf eine „Sondertagung für Mitarbeiter der ADK", die im „Zeichen der Wahl in Schleswig-Holstein" stehe (B 145/1031, Brief Jahns an das BPA vom 20.7.54); Im Februar 1955 berichtete Jahn ans Presseamt, daß die „derzeitige außenpolitische Lage" in Niedersachsen nachteilig für die Vorbereitung der Landtagswahlen sei (B 145/1036, Brief Jahns an das BPA vom 15.2.55); die ADK ließ auch Wahlplakate produzieren, etwa unter dem Motto „Wähle mit Ausdauer unseren Adenauer"; oder sie stellte Adenauer als Rosenzüchter und Bocciaspieler vor, um besonders bei Wählerinnen Pluspunkte zu sammeln (Jahn, An Adenauers Seite, S. 476).
12) B 145/1036, Brief Jahns an v. Eckardt vom 2.1.57.
13) Zwei Aktenbände (1037, 1038) im Bundesarchiv enthalten den Schriftwechsel über die „Politischen Informationen A". Dort finden sich häufig Korrekturanweisungen des Presseamtes.
14) B 145/1030, Brief Kruegers an die ADK vom 22.6.53.
15) B 145/1038, Brief Jahns an den BPA-Referatsleiter Hans-Heinrich Welchert vom 2.7.57.
16) B 145/1036, Brief Glaessers an Jahn vom 5.7.57.
17) B 145/1030, Brief des FDP-Landesverbands Schleswig-Holstein an das BPA 22.4.52.
18) Jahn, An Adenauers Seite, S. 97.
19) Vgl. dazu unten Teil VII, Kapitel: Der „Verrat": Die Auflösung der ADK.
20) So verhielt es sich bei einer großen „Sondertagung" über die europäische Integration mit Referenten aus acht Ländern. Im Presseamt wurde der kritische Bericht, bei dem der BPA-Mitarbeiter Aussagen der ADK nachprüfte, als ungewöhnlich eingestuft. – B 145/1031, BPA-Bericht über eine Tagung vom 13. bis 15. November 1954 in Königswinter.

[21] Jahn, An Adenauers Seite, S. 111. Jahn führt Hackmack als einen der prominenten Sozialdemokraten in den Reihen der ADK an.
[22] Interview mit Krueger.
[23] B 145/1030, Brief Jahns an Eckardt vom 29.7.52. Der Berliner Theologe Ernst Tillich war allerdings nicht irgendein Sozialdemokrat: Er leitete die aktivistische „Kampfgruppe gegen Unmenschlichkeit". Vgl dazu unten Teil IV, Kapitel: Der schwierige Umgang mit den Zahlen.
[24] Vgl. dazu unten Teil V, Kapitel: Der instrumentalisierte Antikommunismus.
[25] In einem ADK-Bericht wird dazu geraten, diese Aussage trotz der Empörung darüber weiter zu verwenden. Die Leute hätten „schon seit längerem ein Bedürfnis nach klaren – uns vielleicht simpel erscheinenden Stellungnahmen". – B 145/1035, elfter Halbmonatsbericht der ADK-Baden-Württemberg vom 16.7.57.
[26] B 145/1038, Undatiertes Manuskript einer „PI-A" mit der Überschrift „Das Wahlprogramm der SPD", S. 5. – Diese PI muß kurz vor den Bundestagswahlen 1957 erschienen sein.
[27] B 145/1035, neunter Halbmonatsbericht der ADK-Baden-Württemberg vom 22. 6.57; Ebenso: B 145/1034, Lagebericht der ADK-Hessen vom 7.2.57.
[28] B 145/1036, Halbmonatsbericht der ADK-Baden-Württemberg vom 18. 3.52.
[29] B 145/1036, BPA-Bericht über die Jahresendtagung vom 7.12.57.
[30] B 145/1034, Lagebericht der ADK-Hessen vom 7.2.57.

ZUSAMMENARBEIT

Eingangsbemerkung:
Schwieriger Umgang mit den Zahlen

Ernst Nolte zählt die ADK zum „Apparat des Kalten Krieges in der Bundesrepublik"[1]. Charakteristisch für die Privatorganisationen in jenem Apparat war, daß ihre Existenz auf „spezifische Weise mit dem Kalten Krieg im engsten Sinne des Wortes verbunden" war (und sie von deutschen oder amerikanischen Regierungsstellen subventioniert wurden). Diese Einteilung weist der ADK zwar einen bestimmten Platz zu in der Bundesrepublik, läßt aber wenig Rückschlüsse zu auf ihre Kooperation mit Organisationen oder gar auf ihre soziologische Zusammensetzung. Mit wem arbeitete die ADK zusammen, wo fand sie Mitarbeiter, wo suchte sie Zuhörer?
Diese Fragen stoßen auf eine grundsätzliche Schwierigkeit. Aufgabe der ADK war es ja gerade, überall nach Mitstreitern Ausschau zu halten; sie sollte möglichst viele Organisationen und Personengruppen von der Notwendigkeit der Regierungspolitik überzeugen. Dementsprechend verfiel die ADK in eine Art Zahlengigantomanie, um ihr Dasein zu legitimieren: Mit 810 „Verbänden, Vereinen, Organisationen und Institutionen" arbeite sie zusammen, heißt es zum Beispiel in einem Bericht von 1963; die Zahl der Mitarbeiter betrage 102883[2].
Die Angaben beruhten auf einer vorsichtig zu wertenden Rechengrundlage. In die ADK-Kartei fand schon Aufnahme, wer nur einmal für den ADK-Informationsdienst geschrieben oder einmal in einer ADK-Veranstaltung ein Referat gehalten hatte. Genauso verhielt es sich bei der Zusammenarbeit mit Organisationen: Ein einmaliger Vortrag in einem Sportklub genügte, um diesen auf dem Haben-Konto zu verbuchen. Zudem trug Jahn nicht die Dachverbände in seine Liste ein, sondern addierte die lokalen Untergliederungen und Ortsgruppen – was zum Beispiel bei den Vertriebenenverbänden die Zahlen enorm in die Höhe schnellen ließ.
Wenig Aussagekraft haben folglich jene seitenlangen Auflistungen, in denen die ADK kontaktierte Organisationen nennt: staatsbürgerliche Vereinigungen, Verbände im katholischen und evangelischen Bereich, Jugend-

und Jugendbildungseinrichtungen, Frauenverbände, Soldaten- und Traditionsverbände, studentische Vereinigungen und Flüchtlingsverbände, „Vereinigungen gegen Totalitarismus und Kommunismus"[3].
Interessant aber ist, welche Namen häufig fallen. Zum Beispiel war die „Wirtschaftspolitische Gesellschaft von 1947" mit ihrem Geschäftsführer Generalleutnant Erich Dethleffsen Dauerpartner der ADK. Die in Frankfurt angesiedelte Gesellschaft, die über enge Beziehungen zur FAZ verfügte und in der sich Industrie- und Finanzmächtige zusammengeschlossen hatten, war extreme Verfechterin einer kapitalistischen Wirtschaftsordnung und Gegnerin jeder Art von Sozialisierung. Sie warb zudem erfolgreich bei den ehemaligen Soldaten für eine Armee im westlichen Bündnis[4]. Dethleffsen wurde von Lenz in dessen Tagebuch – ebenso wie Jahn – zu denjenigen gerechnet, die den Wehrbeitrag propagierten.
Personell eng verwoben war die ADK mit der 1952 in München gegründeten „Gesellschaft für Wehrkunde", die sich das Ziel gesetzt hatte, die Wehrpolitik der Bundesregierung zu unterstützen und den Wehrwillen gegenüber einer kommunistischen Unterwanderung zu stärken. Weniger deutlich ist es schon, wie die Beziehungen zur „Kampfgruppe gegen Unmenschlichkeit" (KgU) gestaltet waren, einer Organisation, die mit dem humanitären Anspruch gegründet worden war, über das Schicksal von in der Sowjetzone verschwundenen Personen aufzuklären, die dann aber einen aktiven Kalten Krieg gegen die DDR einschließlich Spionage- und Sabotageaktionen führte[5]. Jahn spricht ganz allgemein von einer „engen Zusammenarbeit". Der Leiter der KgU, Ernst Tillich, referierte bei der ADK zum Thema „Kampf um die Wiedervereinigung Deutschlands"[6].
Alle genannten Organisationen hatten mit der Wiederaufrüstung zu tun, doch könnten auch andere aufgezählt werden. Zuverlässigere Hinweise auf die Zusammensetzung der ADK lieferte die Frage nach bestimmten Personengruppen. Um wen mußte sich die ADK besonders bemühen, wollte sie erfolgreich sein; wer fühlte sich zur ADK hingezogen?

Berufssoldaten: Die unzuverlässige Klientel

Es gab eine Gruppe, deren Loyalität und Unterstützung für die Wieder-

ARBEITSGEMEINSCHAFT DEMOKRATISCHER KREISE

SCHRIFTENREIHE ZUR WEHRPOLITIK

Heft Nr. 14:

NATO
mit deutschen Augen

Von ***

Überzeugungsarbeit bei der Hauptklientel:
Die ADK gab verschiedene Schriftenreihen heraus, eine davon zur Wehrpolitik, (Privatarchiv Stosch).

bewaffnung unverzichtbar waren, die aber zugleich den gerade besiegten deutschen Militarismus verkörperte: die ehemaligen Soldaten, vor allem die Berufssoldaten. Auf deren Erfahrung mußte die Bundesregierung zurückgreifen und doch gleichzeitig das neuartige Projekt einer Armee in der Demokratie realisieren[7].

Die Bundesregierung hatte es dabei mit einer sozialen Gruppe zu tun, die bis 1945 eine Elitestellung innehatte und dann abgrundtief deklassiert wurde, die gedemütigt und unzufrieden im politischen Abseits stand, die sich durch ein enormes Nationalbewußtsein und eine militante antikommunistische Grundhaltung, verbunden mit einer ausgeprägten Wehrfreudigkeit, auszeichnete, die sich in über 1000 Traditionsvereinigungen zusammengefunden hatte oder auch zerstritten war – die aber vor allem zu einem nicht ohne weiteres bereit war: den neuen Staat zu unterstützen.

Das politische Grundverständnis der ehemaligen Soldaten war nahe am Rechtsextremismus angesiedelt und nur bedingt mit den Normen einer parlamentarischen Demokratie zu vereinbaren. Rechtsextremen Parteien galten die ehemaligen Soldaten geradezu als „natürliches Wählerreservoir"[8]. Gerade die Berufssoldaten hatten ein unkritisches Verhältnis zu ihrem Verhalten in der Wehrmacht: Sie wollten nicht wahrhaben, daß sie sich an Verbrechen beteiligt hatten. Ernst Nolte meint: „Adenauer konnte keineswegs sicher sein, daß nicht eine bedrohliche Anzahl seiner künftigen Generäle von einem neuen Tauroggen und einer Übereinkunft mit ihren Kameraden träumten, welche in der Führung der Kasernierten Volkspolizei eine Rolle spielten. Er konnte ebensowenig mit Bestimmtheit wissen, ob nicht seine künftigen Streitkräfte eines Tages dem westlichen Bündnis ihren Willen aufzwingen und über ihn selbst hinweggehen würden."[9]

Das „Gespenst der deutschen Remilitarisierung"[10], von einer Bundesrepublik im Würgegriff des Militärs, drohte am Horizont. Warum sollten sich die ehemaligen Soldaten an einen Staat binden, von dem sie sich im Stich gelassen fühlten? Von 1951 an verfolgten die bürgerlichen Parteien deshalb eine „gezielte Integrationsstrategie"[11] gegenüber den politisch fragwürdigen Soldaten: Die Bundesregierung versuchte, die Soldaten finanziell einzubinden; das Innenministerium sollte die Verbände (in unmittelbarer Zusammenarbeit mit dem Verfassungsschutz) betreuen und kontrollieren. Eine Organisation wie die ADK, die direkten Einfluß

auf die Soldatenverbände hatte und die Chance bot, die Soldaten an die Demokratie heranzuführen, mußte hochwillkommen sein.
Hans Edgar Jahn, der ehemalige Nationalsozialistische Führungsoffizier und Marineliebhaber, war prädestiniert für diese Aufgabe. Er beschäftigte ehemalige Wehrmachtsbeamte und -offiziere – je höher der Dienstgrad, desto besser – hauptberuflich in der ADK, und er fand viele von denen als ehrenamtliche Mitarbeiter, die in der Demokratie ihrerseits noch keinen Platz gefunden hatten.
Die Dienstgruppeneinheiten, 80000 Mann, die die Westalliierten aus ehemaligen deutschen Kriegsgefangenen für zivile Aufgaben gebildet hatten, wurden von der ADK zentral erfaßt. Schon Mitte 1953, so gibt Jahn selbst an, zählte die ADK 5000 Mitarbeiter aus Soldatenverbänden. Innerhalb eines Jahres, bis März 1953, wurden allein für diese Zielgruppe 2500 Vortragsveranstaltungen ausgerichtet.
Die ADK knüpfte Kontakte zu über 100 Soldaten- und Traditionsverbänden[12], zuallererst zum Verband Deutscher Soldaten (VDS), dessen Entstehung durch die Bundesregierung gefördert worden war und der als regierungsnaher Dachverband die vielen soldatischen Organisationen sammeln sollte[13]. Genauso suchte die ADK jedoch Verbindungen zu allen anderen Vereinigungen, gleichgültig wie demokratiefeindlich oder -freundlich, wie nationalistisch oder rechtsextrem diese gesinnt waren. Darunter fanden sich so unterschiedliche Verbände wie die „HIAG", die Organisation der ehemaligen Waffen-SS, oder der „Verband der Kriegsbeschädigten, Kriegshinterbliebenen und Sozialrentner Deutschlands" (VDK), der sich für deren soziale Belange einsetzte, oder auch folgende Organisationen:
„Verband ehemaliger Angehöriger des deutschen Afrikakorps, Traditionsgemeinschaft ‚Großdeutschland', Bund ehemaliger deutscher Fallschirmjäger, Waffenring der Pioniere, Gemeinschaft der Sturmartillerie, Kameradschaftsbund der Nachschubtruppen, Gemeinschaft ehemaliger Jagdflieger, Verband ehemaliger Fliegerkorpsangehöriger, Kameradschaftsbund der 116. Panzerdivision ‚Windhund-Division', 11. Panzerdivision ‚Gespensterdivision' [...]."[14]
Unter diesen Voraussetzungen klingt es einleuchtend, daß ADK-Veranstaltungen den Charakter einer „Beschäftigungstherapie" annehmen konnten: Die Treffen hielten ehemalige Soldaten bestenfalls davon ab, gegen den neuen Staat zu arbeiten – wenn sie schon nichts dafür tun wollten.

Exemplarisch dafür ist eine zentrale bundesweite Tagung im November 1954, zu der Referenten aus sieben europäischen Ländern sowie 130 ADK-Mitarbeiter eingeladen worden waren und die den „europäischen Gedanken" stärken sollte. Die Tagung war keinesfalls nur für Soldaten gedacht. Dennoch identifizierte ein Beobachter des Presseamtes außer zahlreichen Vertretern des Amtes Blank vor allem eine Personengruppe: „In dieser amorphen Masse [die ADK-Landesbeauftragten hatten, jeder für sich, Einladungen verschickt; es existierte keine Anwesenheitsliste, d. Autor] überwog das militärische Element bei weitem alle anderen Gruppen. Anwesend waren die Generale Unrein, von Marnitz, Gutzeit, Blumentritt, Nielsen, von Senger und Etterlin, die Admirale Wagner und Hennecke und eine große Zahl von Obristen und anderen Dienstgraden. Wie mir von Mitarbeitern der ADK erklärt wurde, ist dieser Umstand darauf zurückzuführen, daß zwischen der ADK und den Soldatenverbänden, besonders dem VDS, enge Beziehungen bestehen und sehr viele Mitarbeiter der ADK gerade aus diesen Organisationen stammen. Die große Zahl der höheren Dienstgrade wurde mir von der Organisationsleitung damit erklärt, daß man bei dieser Tagung auf ein entsprechend hohes Niveau Wert gelegt habe."[15]

Das Presseamt hielt die Tagungsbesucher für den typischen Personenkreis, der sich von der ADK angesprochen fühlte. Von Europa war nur bedingt die Rede. Die Soldaten kritisierten dafür unter anderem die Besatzungsmächte, forderten die Freilassung von hochrangigen Kriegsgefangenen (zum Beispiel von Karl Dönitz, der in Nürnberg zu zehn Jahren Gefängnis verurteilt worden war), debattierten über die Reichswehr in der Weimarer Republik, übten sich in Strategiediskussionen und erklärten emphatisch ihre Loyalität zum „deutschen Osten".

Doch es wäre ein Fehlschluß anzunehmen, die ADK hätte sich in der Funktion eines Debattierklubs für (latent) rechtsextreme Militärs erschöpft. In Zigtausenden von Veranstaltungen war sie Verbindungsstelle zwischen Regierung und Soldaten, berichtete sie über und hörte sie von deren Nöten – zum Beispiel in Zusammenhang mit den jeweils vor Wahlen erfolgten Gesetzesnovellierungen zum umstrittenen Artikel 131 Grundgesetz, der die Versorgungsrechte von Berufssoldaten und Teilen der Waffen-SS sicherte[16]. Oder aber die ADK mußte die „Mißstimmung" bei Soldaten und anderen „wehrbereiten Kreisen" abbauen, von denen viele nicht die neuen Bundeswehr-Uniformen anziehen durften, obwohl sie sich „ausserordentlich aktiv für die Wehr- und Sicherheitspolitik" eingesetzt hatten[17].

Vor allem aber tat die ADK unermüdlich eines: Sie warb für das Konzept der Inneren Führung[18] und für die Einbindung der deutschen Streitkräfte in die EVG, später in die NATO. Jahn empfahl dem Presseamt zum Beispiel, eine Erklärung von Admiral Alexander Heye, einem seiner engsten Mitarbeiter und später Wehrbeauftragter des Bundestages, im In- und Ausland zu veröffentlichen. Heye hatte für die Marine ein „Bekenntnis zur europäischen Verteidigungsgemeinschaft, zur europäischen Integration und zur Außenpolitik des Kanzlers abgelegt".[19]

Die ADK wußte, welche Gefahren von einer Nationalarmee alten Typs ausgehen konnten. Ihre Furcht davor war allerdings vor allem darin begründet, daß sie die Außenpolitik der Regierung gefährdet gesehen hätte: „Das Mißtrauen der westlichen Welt wäre dann [bei einer Nationalarmee, d. Autor] sehr schwer zu überwinden."[20]

Bezeichnend ist, daß die ADK nach Jahns Worten lediglich „in einer harten Auseinandersetzung mit der psychologischen Kampfführung der Kommunisten gegen den Verteidigungsbeitrag" steckte. Zwar war richtig: Die DDR versuchte tatsächlich, das nationale Streben des Offizierskorps für ihre Zwecke umzumünzen und ließ den von ihr gesteuerten „Führungsring ehemaliger Soldaten" gründen[21] – aber wo und wann erkannte die ADK in rechtsextremen Soldatengruppierungen ihre Gegner, die an der Seite des Westens am liebsten weiter gegen die UdSSR marschiert wären oder die im „Technischen Dienst des Bundes Deutscher Jugend" (BDJ) Todeslisten von SPD-Mitgliedern anlegten, die im Fall einer sowjetischen Besetzung als potentielle Kollaborateure hätten liquidiert werden sollen?[22]

Dennoch blieb es das Verdienst der ADK, daß sie auf die Soldatenverbände, die Sammelbecken für politischen Extremismus, mäßigend einwirkte und zugleich für ein Militärkonzept warb, das sich von militaristischen Traditionen absetzte. Die ADK genoß ein Maß von Vertrauen in den Kreisen der Soldaten, über das die Regierung niemals hätte verfügen können. Ebenso war es der ADK ohne Probleme möglich, Kontakte zu jenen extremen Gruppierungen zu pflegen, an die die Bundesregierung offiziell nicht herantreten durfte. So fungierte die ADK als Tarnorganisation der Regierung gegenüber ihrer eigenen Hauptklientel.

„Die Diskussion zeigte durchweg das bekannte kümmerliche Niveau. Von der sattsam bekannten Kritik am Saarabkommen bis zur Beurteilung des Benehmens der Besatzungsmächte (Manöverschäden, Gendarmerie, Beflaggung, beschlagnahmte Gegenstände etc.) wurde so ziemlich jeder Einwand gebracht, ob zum Thema gehörig oder nicht. Auch die Freilassung von Neuraths und damit die Rechtsgrundlage der Nürnberger Prozesse wurde heftig debattiert, was zum Schluß zu einer Forderung nach Freilassung von Dönitz und Raeder (Adm. Wagner) führte. Auch die Frage der Loyalität der Reichswehr und ihres Offizierskorps vor der Machtergreifung Hitlers löste eine heftige Kontroverse aus (Referat Hartmann), ähnlich wie das Problem „Ostgebiete" (Referat Macartney) eine gefühlsbetonte Loyalitätserklärung Ungers zum deutschen Osten hervorrief, die großen Beifall fand."
Auszug aus dem schon genannten BPA-Bericht über die „ADK-Sondertagung" im November 1954

Vertriebene: Werbung für den Umweg in die Heimat

Die Ostvertriebenen waren voller Skepsis und Ressentiments gegenüber dem neuen Staat. Ihr oberstes Ziel war die Rückkehr in die alte Heimat. Die Regierungsparteien[23] mußten eine intensive Vertrauenswerbung betreiben, um die Flüchtlinge davon zu überzeugen, daß der Umweg in die ehemaligen deutschen Ostgebiete über die Westintegration und die EVG führte. Ein überzeugender Trumpf dabei war die extreme Kommunistenfeindschaft, die die Erfahrung der Vertreibung bei den Flüchtlingen hatte erwachsen lassen. Ein außenpolitisches Konzept, das gegen den Kommunismus gerichtet war, verfügte mithin über eine große Anziehungskraft – immer vorausgesetzt, der Aufbau der Armee drohte nicht die finanziellen Mittel für die soziale Integration aufzuzehren.

Für die ADK bot sich unter diesen Voraussetzungen ein lohnendes Rekrutierungsfeld. Hans Edgar Jahn, der in Pommern geborene Vertriebenenpolitiker[24], war eine vertrauenerweckende Gallionsfigur der ADK. Die Vertriebenen und Landsmannschaften wurden neben den ehemaligen Soldaten zum zweiten Pfeiler innerhalb der ADK. Pointiert ausgedrückt: Soldaten und Vertriebene bildeten die ADK.
Die ADK-Leitung institutionalisierte die Zusammenarbeit mit den Präsidien des „Zentralverbands der vertriebenen Deutschen" (ZdV) und des „Verbands der Landsmannschaften" (VdL); 100 Referenten sprachen allein 1952 bei den Flüchtlingen; die Vertriebenen waren Dauergäste in ADK-Weiterbildungsseminaren. Ein guter Teil der Tagungen für Wehrpolitik wurde für die Vertriebenenverbände reserviert[25].
Um an die Flüchtlinge heranzukommen, wählte die ADK den direkten Weg: Sie ging unmittelbar in die Sammellager hinein und referierte dort. Dieses Verfahren bot im Idealfall die Gelegenheit, die gerade Eingetroffenen vom Fleck weg als Wähler zu werben. In einem Bericht aus dem Lager Wandsbek bei Hamburg heißt es:
„Die Begeisterung der Anwesenden war sehr groß. Es wurde allerdings in sehr viel schärferen Tönen als in Wentorf [einem zuvor besuchten Lager, d. Autor] gegen die SPD vom Leder gezogen [...]. Der Erfolg wird uns ermutigen in dieser Form dort wieder zu erscheinen, um so auch in diesem Lager Fuß zu fassen und die etwa 4500 Stimmen, die dort für Hamburg abgegeben werden, unserer Sache dienstbar zu machen."[26]
Selbst wenn solche Aktionen sich nicht direkt in Wählerstimmen umwandeln ließen, erfüllten sie einen nicht zu unterschätzenden Zweck. Sie waren dazu geeignet, das geballte soziale Konfliktpotential in den Reihen der Vertriebenen zu entschärfen. Ähnlich wie bei den Soldaten übernahm die ADK auch hier eine Blitzableiterfunktion. Sie war eine verständnisvolle, weil seelenverwandte Adressatin selbst für militante und revanchistische Äußerungen[27].
Letztlich waren die Flüchtlinge eine Gruppe, die bei intensiver Betreuung von der Notwendigkeit der Regierungspolitik überzeugt werden konnte. Aus Bremen berichtete der ADK-Landesbeauftragte:
„Besonderer Wert wird nach wie vor auf den Kontakt mit den Jugendflüchtlingslagern gelegt. Hier gilt es von vornherein immer, den Kampf mit einer starken Skepsis aufzunehmen, von der insbesondere die männlichen Jugendlichen auf Grund ihrer Erfahrungen in der S.B.Z. beherrscht

werden. Doch ist der Gedankenaustausch in den letzten Wochen im allgemeinen sehr flüssig geworden. Und auch die im Ganzen positive Einstellung zum deutschen Wehrbeitrag ist bemerkenswert."[28]

Jugendliche: Der „besondere Unsicherheitsfaktor"

Die Jugendlichen waren es, die künftig Uniform tragen sollten. Doch gerade sie galten als „besonderer Unsicherheitsfaktor"[29]. Von „Wehrfreudigkeit" konnte nicht die Rede sein. Die Jugendlichen wollten wissen, was sie eigentlich verteidigen sollten, sie verlangten zunächst eine Verbesserung ihrer sozialen Verhältnisse und ihrer Berufschancen; und kaum eine gesellschaftliche Gruppe hatte das antimilitaristische Nullpunkt-Denken von 1945 so verinnerlicht wie diese.
Folglich war es nicht verwunderlich, daß die ADK eine grundsätzliche Verweigerung der jungen Männer fürchtete – und sich in der Konsequenz daraus um diese Gruppe bemühte. Sie überprüfte bereits im Januar 1952 anhand der Vorlesungsverzeichnisse im gesamten Bundesgebiet, welche Universitätsprofessoren als ADK-Mitarbeiter in Frage kommen würden, begann zugleich, Jugendleiter auszubilden, knüpfte unter anderem Verbindungen zum Verband Deutscher Studenten, zum Christlichen Verein Junger Männer und zu verschiedenen Pädagogischen Hochschulen[30].
Bald konnte die ADK aufatmen. Sie erkannte, daß es um den Wehrwillen der Jugendlichen nicht so schlecht stand, wie ursprünglich befürchtet. Die Meinungspalette reichte von Zustimmung bei der Jungen Union und bei den Deutschen Jungdemokraten über eine bedingte Ablehnung bei den „Falken" bis hin zu kompromißlosem Widerstand in der kommunistischen Jugend. Es stimme nicht, so schrieb Jahn Ende November 1954, „daß die heranwachsende Jugend dem Wehrbeitrag ganz allgemein ablehnend gegenübersteht. Sicherlich hängt bei der Stellungnahme der jungen Generation zu dieser entscheidenden Frage sehr viel von den Pädagogen ab, mit denen sie zusammenarbeiten. Wir beabsichtigen daher, in der Zukunft einmal die Geschichts- und Sozialkundelehrer in mehreren Tagungen anzusprechen."[31]
Diese Erkenntnis verlangte ein Umdenken in der öffentlichen Argu-

*Entscheidungshilfe für den „vernünftig denkenden Teil der Jugend":
Wahlplakat für Adenauer (Privatarchiv Stosch).*

mentation. Jener „vernünftig denkende Teil der Jugend", der wüßte, daß „wertvollstes Gedankengut und insbesondere die persönliche Freiheit schon eine Verteidigung wert ist"[32], durfte nicht vor den Kopf gestoßen werden, indem von einer prinzipiellen Ablehnung der Wiederaufrüstung gesprochen wurde.

Dennoch behielt die ADK die Generation der künftigen Soldaten stets mit Skepsis im Auge. Ganz im Sinn von Adenauers Europapolitik versuchte sie, bei den Jugendlichen „nationalistische Ressentiments"[33] gegenüber Frankreich, England oder Amerika abzubauen.

Die Einführung der allgemeinen Wehrpflicht schien zeitweilig noch einmal „Aufweichungsprozesse" auch bei Organisationen wie dem Bund der Katholischen Jugend und den Kolping-Familien auszulösen, die bisher als „politisch zuverlässig" betrachtet worden waren. „Sozialistische und bolschewistische Scheinargumente gegen die Wehrpflicht" würden, so hieß es in einem Bericht aus Bayern, selbst hier eine „gewisse politische Unruhe"[34] erzeugen. Das Presseamt beeilte sich nach diesen Beobachtungen mit einer Anweisung an die ADK, bei ihrer Arbeit die Jugendorganisationen besonders zu berücksichtigen[35].

Das vorliegende Aktenmaterial läßt weder eine gesicherte Aussage darüber zu, mit welchen Jugendorganisationen die ADK besonders eng kooperierte, noch darüber, wie erfolgreich sie auf diesem Feld für die Wiederaufrüstung warb. Jedenfalls hielt das Verteidigungsministerium die ADK für so effizient, daß es ihr Ende 1955 für die Freiwilligenwerbung Ende 1955 50000 Mark für 500 Veranstaltungen mit Jugendverbänden, Schulsprechern und in Gymnasien zur Verfügung stellte[36].

Jahn selbst spricht ganz allgemein von guten Beziehungen zur „katholischen und evangelischen Jugend". Während der Bund der Deutschen Katholischen Jugend die Regierungslinie der Wiederaufrüstung vertrat, konnte die Arbeitsgemeinschaft der Evangelischen Jugend Deutschland – ähnlich wie die Evangelische Kirche überhaupt – sich zu keiner eindeutigen Positionsbestimmung entschließen[37]. Gerade die Möglichkeit, die offene Diskussion unter den Protestanten zu beeinflussen, sorgte dafür, daß die ADK sich hier bei entsprechendem Engagement ein ertragreiches Betätigungsfeld ausrechnete.

Zudem fällt auf, daß die ADK besonders den Kontakt zu studentischen Kreisen suchte[38]. Das mag zum einen damit zusammenhängen, daß die ADK dieser Schicht eine meinungsprägende Rolle zuschrieb, zum ande-

ren galt in der korporierten Studentenschaft die sogenannte „Wehrhaftigkeit" als Grundtugend. Zweifelhafter war es da schon, ob sich die studentischen Verbindungen stets zu Verteidigern der Demokratie berufen fühlten oder eher in nationalistischem bis rechtsextremistischem Gedankengut verfangen waren.
Die ADK zeigte jedenfalls keine Scheu, sich mit als „rechtsradikal angesehenen Verbänden"[39] einzulassen, wie das Presseamt nach einer „staatspolitischen Tagung" der „unabhängigen vaterländischen Jugendverbände" 1956 beklagen mußte. Das ADK-Treffen löste in der Öffentlichkeit Empörung aus. Erschienen waren das „Deutsche Jugendkorps" und der „Deutsche Jugendbund Kyffhäuser", ebenso der „Jungstahlhelm", das „Jugendkorps Scharnhorst", der „Marine-Jugendbund" und die „Deutsche Jugend im Verband Deutscher Soldaten". Nach einer Mahnung des Presseamtes sagte Jahn zu, daß die Zusammenarbeit mit diesen Organisationen abgebrochen werde – zumal das Tagungsbild von Jugendfunktionären von weit über 60 Jahren geprägt worden sei, die ADK wolle aber, so Jahn, die Jugend selbst gewinnen[40].

Die Vergangenheit: Kein NS-Versorgungsverein

„Die Organisation wurde mit der Vergangenheit fertig."[41] Diese Aussage traf Jahn 1987 für das Verhältnis der ADK zum Nationalsozialismus. Das ist eine erstaunliche Behauptung für die Ära Adenauer. Erst recht dann, wenn man bedenkt, daß sie von einem Mann stammt, der sich selbst zutiefst mit dem Nationalsozialismus eingelassen hatte und dessen politische Karriere daran gescheitert ist.
Die ADK hatte deshalb keine Schwierigkeiten mit der Vergangenheit, weil sie ein weitverbreitetes „Null-Punkt-Denken" eigener Art vertrat. Ehemalige Nationalsozialisten wurden in die ADK integriert, sofern sie „am Aufbau einer rechtsstaatlichen Demokratie mitarbeiten"[42] wollten. Bei dieser Regelung berief sich die ADK auf die Zustimmung von Lenz und Adenauer selbst. Es wurde nicht danach gefragt, was Mitarbeiter vor 1945 getan hatten. Jahn rechtfertigt dieses Verfahren mit der Entnazifizierung der Alliierten, einer Maßnahme, die er ansonsten selbst als willkürlich und ungerecht bezeichnet: „Darum haben wir uns nie gekümmert. Wenn

hier und da Nationalsozialisten mitgearbeitet haben, dann sind sie entnazifiziert gewesen. Niemand, der nicht entnazifiziert war, durfte mitarbeiten."[43]
Der starre Blick nach vorn war die übliche Haltung in der Bundesrepublik. Ehemalige Nazis galten als unentbehrlich, wenn sie über entsprechende Fachkenntnisse verfügten. Selbst ein Mann wie Hans Globke konnte zum engsten Mitarbeiter Adenauers (und zum direkten Ansprechpartner für die ADK) aufsteigen, obwohl der Jurist den schärfsten Kommentar zum Nürnberger „Gesetz zum Schutz des deutschen Blutes und der deutschen Ehre" von 1935 geschrieben hatte[44].
Dennoch läßt sich nicht behaupten, daß die ADK als Versorgungsverein für ehemalige Nationalsozialisten geplant war oder sich dazu entwickelte. Was allerdings nicht heißt, daß in der ADK nicht überall ehemalige „Parteigenossen" zu finden waren, wahrscheinlich gerade auch ehemalige NS-Propagandisten, die auf diese Weise ihre alten Kenntnisse für den neuen Staat verwenden konnten.
Aber aus der Perspektive der fünfziger Jahre gesehen, kann der Prozentsatz an ehemaligem NS-Personal nicht überdurchschnittlich hoch gewesen sein. Kritik an der ADK entzündete sich nur in Einzelfällen an diesem Punkt. Die FDP in Schleswig-Holstein etwa beanstandete 1952, daß in ihrem ADK-Landesverband „Exponenten der früheren NSDAP" aus der Waffen-SS und dem Führerkorps eine „entscheidende Rolle spielen"[45]; und der DGB in Niedersachsen deckte auf, daß der ADK-Landesbeauftragte nicht nur ein ehemaliger SRP-Landtagsabgeordneter gewesen war, sondern als NSDAP-Kreispropagandaleiter und Gestapomitarbeiter in Ostpreußen für die Verhaftung mehrerer Regimegegner gesorgt hatte[46].
Zudem gelang es der ADK über Lenz, auch aus Widerstandskreisen Mitarbeiter zu gewinnen. Hanns-Joachim Unger etwa, tätig im „Bund der Verfolgten des Naziregimes" (BVN), 1954 Präsident des „Zentralverbandes demokratischer Widerstandskämpfer- und Verfolgtenorganisationen" (darüber hinaus 1952/53 Generalsekretär der Europa-Union Deutschland), ist immer wieder in Referentenlisten zu finden. Die gleichzeitige Mitarbeit von früheren NS-Gegnern und NS-Mitläufern/-Tätern war kein außergewöhnliches sozialpsychologisches Phänomen: Im kollektiven Schweigen über die Vergangenheit übten sich beide Gruppen gleichermaßen. Es gab eine Bereitschaft, über frühere konträre Positionen hinweg zusammenzuarbeiten, die Minderheit der Gegner mußte die

Mehrheit der Belasteten akzeptieren. Insgesamt aber scheint es für die ADK unwahrscheinlich, daß sich ehemalige Widerstandskämpfer als Alibi für eine Vereinigung ehemaliger Nationalsozialisten hätten einspannen lassen.

Auch darüber hinaus paßte die ADK genauestens in die sozialpsychologische Landschaft der fünfziger Jahre. Da ein Schuldeingeständnis die eigene Identität hätte zerbrechen können, flüchtete man sich in die Rolle des Opfers: Eine „Schicht Verbrecher" hätte den „Idealismus und Glauben des ganzen Volkes"[47] verraten; eine nebulöse „Selbstreinigung" – nicht aber eine Schuldzuweisung von außen – müsse das „sittliche Verantwortungsgefühl"[48] wecken.

Daß die Dimension des Verbrechens überhaupt nicht begriffen und ins Bewußtsein gerufen wurde, zeigt deutlich die „Politische Information" über das Wiedergutmachungsabkommen mit Israel. Der Text besteht – was ungewöhnlich ist – fast nur aus Zitaten aus dem Abkommen und anderen Schriftstücken. Am Ende, in einer eigenen Schlußfolgerung, wird dann aber die Vergangenheit mit einem einzigen Satz getilgt: „Bundesregierung und Bundestag [haben] recht daran getan, die Differenzen zwischen dem Judentum und dem deutschen Volke mit einer großzügigen Geste zu bereinigen."[49]

Das Amt Blank und der vorparlamentarische Hilfstrupp

Die Dienststelle Blank war zunächst skeptisch gegenüber der neuen Schützenhilfe im „vorparlamentarischen Raum". Die ADK war dem späteren Verteidigungsministerium (Umbenennung im Juni 1955) nicht geheuer, weil sie nicht direkt gesteuert werden konnte. Jahn hatte es abgelehnt, einem Mann aus dem Amt die interne Federführung zu überlassen. Wer garantierte Theodor Blank, daß die ADK nicht eine psychologische Aufrüstungspolitik betreiben würde, die an militaristischen Traditionen anknüpfte – die Zusammensetzung des ADK-Personals ließ dies als durchaus möglich erscheinen. Blank wollte deshalb anfangs mit der ADK nichts zu tun haben.

In der Praxis wurden diese Vorbehalte abgebaut. Die ADK war politisch loyal, geradezu devot, wenn sie nach ihrem Selbstverständnis auch alles andere als ein verlängerter Arm des Amtes sein wollte. Von Anfang an entsandte die Dienststelle Blank Referenten zur ADK; bald wurden gemeinsame „wehrpsychologische Kurse" veranstaltet[50]. Mit dem Referat „Öffentlichkeitsarbeit in Verteidigungsfragen" wurde Ende 1954 schließlich eine institutionalisierte Schaltstelle zwischen der ADK und dem Amt Blank im Presseamt installiert.

Alle die, die in der Dienststelle Rang und Namen hatten, vorneweg Theodor Blank, Ulrich de Maizière, Wolf Graf Baudissin, Johann Adolf Graf von Kielmannsegg, Hans Karst, Hans Speidel, Adolf Ernst Heusinger[51], später auch Franz Josef Strauß als Verteidigungsminister[52], traten bei der ADK auf. In der „Wehrpolitischen Schriftenreihe" der Arbeitsgemeinschaft wurden unter anderem Reden von Blank veröffentlicht. Zahlreiche dieser Hefte wurden von Bediensteten des Amtes selbst verfaßt.

Das Amt Blank lernte die neue Zugangsmöglichkeit zu den ehemaligen Soldaten schätzen. Je konkreter die Planungen für die Bundeswehr wurden, desto stärker wurde die ADK beteiligt. Nach der Unterzeichnung des EVG-Vertrages im Mai 1952 gründete die ADK zwei wehrpolitische Ausschüsse, die an der Ausarbeitung der Konzepte für die Innere Führung und für die Auswahl der künftigen Offiziere mitwirkten[53]. Nach der Londoner Neun-Mächte-Konferenz lud die ADK auf Geheiß des Bundeskanzlers „führende Soldaten der ehemaligen Wehrmacht" ein, die dem neuen „Verteidigungsbeitrag" positiv gegenüberstanden[54].

Schließlich wurde im Juli 1955 sogar die Idee der ADK verwirklicht, einen Personalgutachterausschuß gesetzlich einzurichten, der die Eignung höherer Offiziersbewerber prüfen sollte. Die ADK wurde von dem vom Bundestag ernannten Ausschuß wiederholt aufgefordert, Stellungnahmen über Interessenten abzugeben[55].

Ebenso übernahm die ADK selbst in Absprache mit dem Verteidigungsministerium die Freiwilligenwerbung bei Gruppen, mit denen sie gut kooperierte, etwa bei Jugendverbänden, in Schulen oder bei ehemaligen Soldaten. Den „Politischen Informationen" ließ das Verteidigungsministerium Bewerbungsformulare beilegen[56]. Jahn selbst wurde im Juli 1956 vom Verteidigungsministerium zum „Sachverständigen für Fragen der Öffentlichkeitsarbeit und der psychologischen Kampfführung" ernannt, um mit politischen und militärischen Fachleuten der Verbündeten offiziell in Kontakt treten zu können."[57]

Unter diesen Voraussetzungen war eine enge Zusammenarbeit mit der

Bundeswehr programmiert. Die ADK ernannte „Verbindungsreferenten" zur Truppe und bezog die Soldaten in ihr Vortragsprogramm mit ein. In sogenannten „Schulungsvorträgen", die als dienstliche Veranstaltungen firmierten, verkündete die ADK ihr Gedankengut[58].

[1] Vgl. Nolte, Deutschland und der Kalte Krieg, S. 402–413. – Nolte unterteilt den „Apparat" in vier Abteilungen. In die erste ordnet er das Ministerium für Gesamtdeutsche Fragen, den BND und das Amt für Verfassungsschutz ein, in die zweite private Organisationen wie die ADK, in die dritte wissenschaftliche Einrichtungen und Verlage, die sich mit dem Sowjetblock und dem Marxismus-Leninismus beschäftigten, und in die vierte schließlich Presseorgane vom „Spiegel" (der Anfangsjahre) bis zum „Rheinischen Merkur".

[2] Jahn, An Adenauers Seite, S. 461. – Die Zahlen variieren je nach Quelle, stimmen aber in der Größenordnung überein.

[3] Jahn, An Adenauers Seite, S. 233.

[4] Nolte, Deutschland und der Kalte Krieg, S. 319; Ebenso: B 145/1030, „Schleswig-Holsteinische Volkszeitung" vom 24. 4. 1952. – Vgl. zur WipoG auch: Hans Edgar Jahn, Verantwortung, Vertrauen, Mitarbeit. Eine Studie über public relations Arbeit in Deutschland, Oberlahnstein 1953, S. 134–136.

[5] Vgl. Kai-Uwe Merz, Kalter Krieg als antikommunistischer Widerstand. Die Kampfgruppe gegen Unmenschlichkeit 1948 – 1959, München 1987; Vgl. auch: Jahn, Verantwortung, S. 279–281.

[6] Ebd, S. 377. Vgl. oben zu Tillich: Teil III, Kapitel: „Renommiersozialdemokraten" erwünscht.

[7] Vgl. Peter Dudek/Hans-Gerd Jaschke, Entstehung und Entwicklung des Rechtsextremismus in der Bundesrepublik. Zur Tradition einer besonderen politischen Kultur, Bd. 1, Opladen 1984, S. 79–124; Ebenso: Volkmann, Adenauersche Sicherheitspolitik, S. 589; Nolte, Kalter Krieg, S. 318.

[8] Dudek/Jaschke, Rechtsextremismus, S. 97, 89.

[9] Nolte, Kalter Krieg, S. 319.

[10] Eugen Kogon, Das Gespenst der deutschen Remilitarisierung. In: Frankfurter Hefte, Jg. 1950, Bd. 1, S. 2/3.

[11] Dudek/Jaschke, Rechtsextremismus, S. 100.

[12] Interview mit Jahn. – Über eine zentrale Informationstagung für ehemalige Berufssoldaten 1956 schreibt der ADK-Abteilungsleiter Sorge zum Beispiel: „Es waren die wesentlichen Traditionsverbände der ehemaligen Soldaten [...] vertreten, weiter eine Anzahl in Kameradenkreisen besonders angesehener Generale." – B 145/1033, ADK-Bericht einer Tagung für ehemalige Soldaten vom 3./4.11.56.

[13] Im März 1954 bezeichnete es Glaesser als eine der „wichtigsten innenpolitischen Ent-

[14] wicklungsfaktoren der Gegenwart", daß im VDS „die Aussenpolitik der Bundesregierung absolute Zustimmung findet". B 145/1031, Glaesser-Aufzeichnung vom 20.3.54.
[14] Jahn, An Adenauers Seite, S. 158.
[15] B 145/1031, BPA-Bericht vom 18.11.54. – Das Presseamt schätzte den kritischen Bericht des eigenen Mitarbeiters als ungewöhnlich ein, verwies aber gerade auf die Erkenntnisse, die er über die ADK-Mitarbeiter vermittle.
[16] Jahn berichtet Forschbach 1954 zum Beispiel von der Verbitterung der ehemaligen Berufssoldaten wegen der angeblich verschleppten Ausführungsverordnungen zur ersten Gesetzesnovellierung zum Artikel 131. B 145/1031, Brief Jahns an Forschbach vom 22.7.54. – Vgl. zum „131er Gesetz": Jörg Friedrichs, Die kalte Amnestie. NS-Täter in der Bundesrepublik, Frankfurt 1984, S. 272–280.
[17] B 145/1036. In einem Brief vom 30.11.55 an das BPA macht der Staatssekretär im Bundeskanzleramt auf entsprechende ADK-Beobachtungen aufmerksam.
[18] In Schriften und Referaten erläuterte die ADK immer wieder die Idee vom „Staatsbürger in Uniform". Zu den vielen Referenten aus der Dienststelle Blank gehörte unter anderem Graf Baudissin selbst.
[19] B 145/1030, Brief Jahns an Eckardt vom 1.6.53.
[20] B 145/1031, Brief Jahns an Globke vom 1.7.54.
[21] Jacobsen, Öffentliche Meinung und Wiederbewaffnung, S. 88; Ebenso: Volkmann, Adenauersche Sicherheitspolitik, S. 593.
[22] Der „Technische Dienst" (TD) des BDJ war ein deutscher Vorläufer des NATO-Geheimbunds Gladio. Der TD rekrutierte sein Personal vornehmlich aus früheren Offizieren der Wehrmacht und der Waffen-SS. Im Oktober 1952 klärte der hessische Ministerpräsident den Landtag öffentlich über das Wirken der Partisanenorganisation auf. Ebenso hatten schon zuvor Offiziere der „Division Großdeutschland" – mit der die ADK zusammenarbeitete – einen Geheimbund organisiert, der eine antikommunistische Schutzarmee für „ein geeintes Europa mit Afrika als Hinterland" aufbauen wollte. Diese Pläne waren im Februar 1950 bekanntgeworden. Vgl.: Leo A. Müller, Gladio – das Erbe des Kalten Krieges. Der NATO-Geheimbund und sein deutscher Vorläufer, Reinbeck 1991.
[23] Die Flüchtlinge galten als potentielle Wähler der Union. CDU/CSU übernahmen früh ostpolitische Positionen, so daß die Interessenpartei der Vertriebenen, der „Block der Heimatvertriebenen und Entrechteten" (BHE), nur von einem Teil der Vertriebenen gewählt wurde.
[24] Jahn sagte beispielsweise als neugewählter Präsident der Pommerschen Abgeordnetenversammlung im Sommer 1962: „Die Wiedervereinigung findet für die Pommern nicht an der Oder-Neiße-Linie ihre Grenze, sondern es ist, solange die Sonne die Erde bescheint, die Pflicht eines jeden von uns, die alte Heimat zurückzufordern." – FAZ vom 23.6.62.
[25] Zwei Beispiele: Von 33 Tagungen zur Wehrpolitik von Mai bis August 1957 wurde ein Drittel für die Vertriebenenverbände ausgerichtet, das gleiche Verhältnis läßt sich für das letzte Quartal 1956 belegen. – B 145/3537, Listen der „Tagungen zur Wehrpolitik" vom 20.5 bis 15.8.57 und vom 29.9. bis 9.12.56.
[26] B 145/1030, Bericht von einer ADK-Veranstaltung im Lager Wandsbek am 29.6.53.

In diesem Fall allerdings war die FDP – nicht die CDU – Mitveranstalterin der ADK.

[27] Sprecher der Sudetendeutschen Landsmannschaft sahen den „Wehrbeitrag" zum Beispiel als Vorübung für eine tschechoslowakisch-sudetendeutsche Befreiungsarmee. – Vgl.: Volkmann, Adenauersche Sicherheitspolitik, S. 588.

[28] B 145/1033, ADK-Bericht aus Bremen vom 29.10.56. Bei den Erwachsenen wurde ebenso „grosses Verständnis für die Politik der Bundesregierung, den Wehrbeitrag und für das Bekenntnis zur Reichshauptstadt Berlin" registriert.

[29] Volkmann, Adenauersche Sicherheitspolitik, S. 569.

[30] Tätigkeitsbericht der ADK für Januar 1952. In: Jahn, An Adenauers Seite, S.125–130.

[31] B 145/1031, Brief Jahns an Forschbach am 24.11.54.

[32] B 145/1036, ADK-Bericht vom 23.6.55.

[33] B 145/1033, Bericht über eine Jugendtagung vom 13.12.56. – An der Tagung nahmen teil: die „Deutsche Jungenschaft", der „Wandervogel", die „Angestellten Jugend", der CVJM, die evangelische Pfarrjugend.

[34] B 145/1033, ADK-Bericht aus Bayern vom 25.8.56.

[35] B 145/1033, BPA-Brief an die ADK vom 1.10.56.

[36] Jahn, An Adenauers Seite, S. 291.

[37] Vgl. zur Evangelischen Kirche unten Teil VI, Kapitel: Protestanten: „Stoßaktion gegen die Antidemokraten".

[38] Der Arbeitsbericht für 1952/53 spricht von einer Zusammenarbeit mit folgenden „studentischen Vereinigungen: Verband Deutscher Studenten, Liberaler Studentenbund (LSD), Ring christlich demokratischer Studenten (RCDS), Bund demokratischer Studentenvereinigungen (BDSV), Internationaler Studentenbund für internationale Föderation (ISSF), CV und KV, Evangelische Studentengemeinde, Deutsche Burschenschaft, Coburger Convent, Kösener Korps, Weinheimer Korps, Sängerschaften usw. insgesamt über 50 studentische Verbindungen". – Jahn, An Adenauers Seite, S. 233.

[39] B 145/1036, BPA-Brief an die ADK vom 19.10.56.

[40] Jahn-Brief ans BPA vom 2.11.56.

[41] Jahn, An Adenauers Seite, S. 135.

[42] Ebd.

[43] Interview mit Jahn.

[44] Vgl. Ingo Müller, Furchtbare Juristen. Die unbewältigte Vergangenheit unserer Justiz, München 1987, S. 106/107, 216.

[45] B 145/1030, Brief des FDP-Landesverbands Schleswig-Holstein an Glaesser vom 22.4.52.

[46] B 145/1030, Brief Glaessers an Jahn vom 27.2.53.

[47] So Jahn beim zehnjährigen Bestehen der ADK. – Jahn, An Adenauers Seite, S. 404/406.

[48] B 145/1030, ADK-Bericht über die zweite Bundestagung in Loope vom 15.–17.2.52. – So Jahn selbst.

[49] Zeitgeschichtliche Sammlung 1 im Bundesarchiv Koblenz, Arbeitsgemeinschaft Demokratischer Kreise, 22/8, Wiedergutmachungsabkommen mit Israel, PI-A vom 25.3.53 (2. Jg.), Nr. 6, S. 9. Künftig werden gedruckte ADK-Publikationen aus diesem Bestand mit dem Kürzel Zsg.1 und der genauen Numerierung gekennzeichnet.

[50] 1954 spricht Jahn sich gegenüber Forschbach dafür aus, diese Kurse zu verdoppeln,

weil die „neutralistische Politik der Sowjets" unter den Soldaten immer mehr Anhänger finde.- B 145/1031, Brief Jahns an Forschbach vom 4. 10.54.

51) Jahn, An Adenauers Seite, S. 151. – Das Programm eines ADK-Seminars über „Verteidigungsfragen der deutschen Demokratie" in Rheinbach führte zum Beispiel folgende Referenten aus dem Amt Blank auf: de Maizière, Karst, Kielmannsegg, Baudissin, Drews sowie acht weitere, weniger bekannte Mitarbeiter. – B 145/1031, Programm des ADK-Seminars vom 6.–11.12.54.

52) B 145/1033, Programm einer ADK-Informationstagung vom 3./4.11.56 in Hennef. – Strauß war mit dem Thema „Verteidigungsprobleme" angekündigt.

53) Jahn, An Adenauers Seite, S. 187; Ebenso: Interview mit Jahn. – Eine Tagebucheintragung von Lenz bestätigt die Mitwirkung der ADK: „Sie [die ADK-Leute, d. Autor] haben inzwischen die Ausarbeitung des Amtes Blank über das Gesicht der deutschen Wehrmacht durchgearbeitet und fanden sie in der Sache zwar vernünftig, in der Form aber wenig geeignet. – Lenz, Tagebuch, Eintragung vom 9.4.53, S. 606.

54) Jahn, An Adenauers Seite, S. 262/263.

55) Jahn, An Adenauers Seite, S. 295/296.

56) B 145/1037, BMVg-Brief an das BPA vom 11.7.56. – Der PI über die „militärische Stärke des Ostblocks" sollten „Merkblätter für die Einstellung von gedienten und ungedienten Bewerbern für die Truppen-, Offizier- und Unteroffizierlaufbahn in Heer, Luftwaffe und Marine" beigefügt werden.

57) Jahn, An Adenauers Seite, S. 293.

58) Wegen eines dieser Vorträge wurden der Bundestagsuntersuchungsausschuß ins Leben gerufen, der sich mit dem Verdacht befassen sollte, die ADK betreibe Kriegshetze. – Vgl. Teil I, Kapitel: Propagandist und Antikommunist: Hans Edgar Jahn.

WIEDERBEWAFFNUNG

„Dafür sind Sie, Herr Jahn, verantwortlich"

„Adenauer fragte mich 1952, wie es um den Verteidigungsbeitrag stehe. Ich sagte: Herr Bundeskanzler, 80 Prozent sind dagegen, nur 20 Prozent sagen ja. – Das werden wir ändern, sagte er. Wir werden 80 Prozent dafür und 20 Prozent dagegen haben. Und dafür sind Sie, Herr Jahn, verantwortlich. – Ich sagte dem Bundeskanzler, ich wüßte nicht, ob wir das schaffen könnten, aber wir würden uns bemühen."[1]
So schildert Jahn die Auftragsvergabe des Bundeskanzlers an die ADK. Jahns Organisation ließ sich auf ein schwieriges Unterfangen ein. Kaum eine Frage löste in den fünfziger Jahren eine so erbitterte Debatte aus wie um die Wiederbewaffnung. Von Politikabstinenz war in diesem Fall nichts zu spüren. Eine zutiefst gespaltene Bevölkerung meldete sich mit Aggressionen und Emotionen zu Wort. Während die Mehrheit eine Wiederaufrüstung noch ablehnte, steuerte die Bundesregierung bereits von 1950 an in Verhandlungen mit Europäern und Amerikanern auf einen wie auch immer gearteten Verteidigungsbeitrag zu[2].
Meinungsumfragen – gleich ob von Allensbach oder EMNID – belegen die ablehnende Grundhaltung der Bundesdeutschen. Ergebnissen des Allens-bacher Instituts zufolge befürworteten bis Mitte 1954 nie mehr als 33 Prozent (1950: 22 Prozent) eine Teilnahme deutscher Truppen an einer westeuropäischen Armee. Die Quote der Ablehnenden sank von 45 Prozent 1950 auf 36 Prozent 1954, die Zahl der Unentschiedenen bewegte sich stets knapp unterhalb der Marke von 20 Prozent[3].
Zum Vergleich: Das EMNID-Institut ermittelte im November 1950, also nur vier Monate nach dem Schock des Koreakrieges und einen Monat vor der ADK-Gründung, bei der gleichen Frage eine Zustimmung von 40 Prozent. Ende 1952 bejahten laut EMNID immerhin schon 45 Prozent der Westdeutschen die Frage, ob sie europäische Verteidigungspflichten hätten. Allerdings: Befragt, ob sie selbst oder Angehörige bereit seien, wieder Soldat zu werden, fiel die Ablehnung noch weit höher aus. Bei der genannten Umfrage von 1952 antworteten 70 Prozent mit Nein[4].
Was die Gruppe der Wiederbewaffnungsgegner auszeichnete, war ihre

Heterogenität. Was sie einte, war die Tatsache, daß sie allesamt dagegen waren. Selbst in den Regierungsparteien gab es keine einhellige Zustimmung für das Konzept Adenauers, über die Einbindung in das westliche Sicherheitssystem inklusive eines eigenen Militärbeitrags Souveränität zu erlangen[5]. Gegen die Wiederbewaffnung stellten sich mit unterschiedlicher Heftigkeit Pazifisten und Neutralisten, der DGB[6], die SPD, Wortführer der Evangelischen Kirche, sogar ein Teil der ehemaligen Soldaten – und natürlich die Kommunisten.

Genauso breitgefächert lesen sich die Argumente der Gegner. Nach dem totalen Krieg mit seiner totalen Niederlage war eine antimilitaristische Grundstimmung weit verbreitet; jeder spürte auf irgendeine Art die Folgen des Krieges; die Einsicht in die Schuld an dem von den Deutschen inszenierten Weltkrieg sprach gegen eine neue Armee; im deutschen Militarismus sah man eine Gefahr für die Demokratie.

Viele fürchteten um soziale Leistungen, wenn finanzielle Ressourcen für die Aufrüstung abgezogen würden. Soldaten forderten erst einmal die Wiederherstellung ihrer „Ehre" und die Freilassung der Kriegsgefangenen. In einer westlichen alliierten Armee sollte die Gleichberechtigung der Deutschen gewährleistet sein – genau dies schien mit dem Pleven-Plan und der sich daraus ableitenden Entwicklung zur Europäischen Verteidigungsgemeinschaft nicht garantiert.

Vor allem aber kristallisierte sich immer deutlicher ein Hauptargument der Gegner heraus: Wiedervereinigung und Wiederbewaffnung waren unvereinbar.

Insgesamt läßt sich allerdings über einen Zeitraum von fünf Jahren, bis 1955, ein Prozeß von einer überwiegenden Ablehnung hin zu einer allmählichen Tolerierung und Zustimmung zur Aufrüstung registrieren – wenn auch die Entwicklung hin zu einer generellen Akzeptanz nicht darüber hinwegtäuschen darf, daß es nie eine Mehrheit gab, die sich bedingungslos für die militärische Westintegration mittels der EVG aussprach. Ein hoher Prozentsatz Unentschlossener war stets kennzeichnend für die ambivalente Haltung der Westdeutschen. Fraglich ist zudem, ob das langsame Abflauen des Widerstands nur auf den gestärkten Wehrwillen zurückzuführen war.

Spielten nicht der Mangel an Alternativen im Kalten Krieg und die wachsende ökonomische und soziale Stabilität die entscheidende Rolle bei der Akzeptanz von Adenauers Politik – in die, wohl oder übel, die Verteidigungspolitik eingeschlossen war? Auf diesen Zusammenhang weist auch das Ergebnis der Bundestagswahl von 1953 hin. Der Wahlkampf stand ganz im Zeichen von Westintegration und Sicherheitspolitik: Das Stimmenplus von 14 Prozent gegenüber 1949 und die absolute Mehrheit der Mandate von CDU/CSU bewiesen jedoch einen Grad der Zustimmung zur Regierungspolitik, der weit über das Einverständnis mit der Wiederbewaffnung hinausging.

Gleichzeitig ist zu bedenken, welche Rolle der öffentlichen Meinung überhaupt zukam. War die Wiederbewaffnung nicht vielmehr eine Sache, die zwar leidenschaftlich diskutiert, aber unter Ausschluß der Öffentlichkeit, teilweise sogar unter Umgehung des Kabinetts und des Parlaments, entschieden wurde?[7]

Schon diese Vorüberlegungen relativieren die „entscheidende Bedeutung", die die ADK bei der Durchsetzung der Wiederbewaffnung für sich reklamiert. Ebenso muß aber dreierlei festgehalten werden. Erstens: Die Bundesregierung kalkulierte mit der Wiederbewaffnung als Trumpfkarte im Spiel um die Entlassung in die Souveränität – und sie betrachtete mit Sorge den geringen Wehrwillen in der Bevölkerung[8]. Zweitens: Die Wehrbereitschaft wuchs langsam, aber kontinuierlich – und die ADK hatte sich dieser Aufgabe wenige Monate nach dem EVG-Beschluß angenommen. Drittens: Die Bundesregierung war darauf angewiesen, die Risiken einer Aufrüstung möglichst gering zu halten – und dazu bedurfte es einer möglichst breiten gesellschaftlichen Zustimmung und Unterstützung. Das Wirken der Wiederbewaffnungsgegner barg die Gefahr, die mindestnotwendige Akzeptanz zu verfehlen.

Im folgenden steht die Frage der Bedeutung der ADK allerdings im Hintergrund. Mit ihr beschäftigt sich der Schlußteil dieses Buches. Untersucht werden soll vielmehr, wie die ADK „funktionierte", wie sie ihr Ziel zu verwirklichen suchte.

Der kontraproduktive Verbündete: Die Kommunisten

Ohne den Kalten Krieg hätte es 1956 (noch) keine Bundeswehr gegeben, ja noch nicht einmal die Teilstaaten Bundesrepublik und DDR. Ohne einen Seitenblick auf ihn ist auch das Phänomen ADK nicht verständlich.

Als der Parlamentarische Rat im Mai 1949 die Geburtsurkunde der Bundesrepublik, das Grundgesetz, verabschiedete, war der Kalte Krieg inklusive seiner programmatischen Erklärungen, Truman-Doktrin (1947) hier und Andrej Schdanows Zwei-Lager-Rede (1948) dort, schon in eine seiner kältesten Phasen getreten.

Konflikte zwischen den USA und der Sowjetunion schienen 1945 unvermeidlich. Beide Staaten waren zu den bestimmenden Weltmächten aufgestiegen. In Europa, wo der Krieg ein Machtvakuum hinterlassen hatte, trafen sie direkt aufeinander. Unter diesen Bedingungen mußte der seit 1917 bestehende Systemgegensatz weitreichende Folgen haben. Doch es war keineswegs unabwendbares Schicksal, daß die Ideologiegläubigkeit innerhalb weniger Jahre aufgrund eines Ursachenkonglomerats aus unterschiedlichen Weltordnungsvorstellungen, machtpolitischen und wirtschaftlichen Gegensätzen zum bestimmenden Handlungsfaktor anwuchs. Stolperstein in den Kalten Krieg war das einseitige Vorgehen der Sowjetunion in Osteuropa. Die USA konnten die zweifellos expansiv ausgerichtete Sicherheitspolitik der UdSSR nicht akzeptieren. Sie versuchten, die Sowjetunion wirtschaftlich mit einer „Dollar-Diplomatie" unter Druck zu setzen. Gerade in der Frage der Reparationen, die für die UdSSR einen hohen symbolischen Wert hatte, legten sie eine restriktive Haltung an den Tag, um die Gegenseite zum Nachgeben zu zwingen. Ebenso verschleppten die Amerikaner das sowjetische Kreditgesuch von 1945. Dabei wäre gerade auf ökonomischem Gebiet eine vertrauensfördernde Zusammenarbeit möglich gewesen: Die USA mußten ihre Kriegs- auf Friedensproduktion umstellen und deshalb exportieren, die Sowjetunion benötigte dringend finanzielle Hilfe. Doch schon zu diesem frühen Zeitpunkt, 1945, verstellte die Ideologie – hier allerdings der Glaube an die Schwäche des jeweils anderen Systems – den Blick. Jede Seite glaubte, daß es für die andere notwendig sei, ins Geschäft zu kommen.

Zugleich verhandelten die USA quasi mit der Atombombe in der Tasche, um die Verhältnisse in Osteuropa zu revidieren. Auch der Baruch-Plan, benannt nach dem amerikanischen Wirtschaftspolitiker Bernard Baruch, der zu einer internationalen Kontrolle der atomaren Energie führen sollte, war kein echtes Kooperationsangebot. Eine Einigung auf diesen Plan hätte es den Amerikanern erlaubt, auf unbestimmte Zeit atomar zu rüsten, während den Sowjets jede Forschung auf diesem Gebiet verboten worden wäre.

Das sowjetische Verhalten in Osteuropa führte bei den Amerikanern zu einer fatalen Einschätzung – die nahelag, aber nicht zwangsläufig erfolgen mußte: Die USA sahen in der Sowjetunion einen Staat, dessen oberstes Ziel lautete, eine kommunistische Weltrevolution herbeizuführen. Die USA formulierten die Eindämmungsdoktrin und beraubten sich so jeder Kommunikationsmöglichkeit. Von jeder (Re)Aktion der Gegenseite mußten sie das Schlimmste annehmen.

Die Sowjetunion sprang mit einiger Verzögerung auf den ideologischen Zug auf. Zunächst schien es ihr noch unvermeidlich, mit den überlegenen USA zu kooperieren. Doch schließlich wurde die stets latente Angst vor den Kapitalisten handlungsbestimmend für sie und damit die rigide Anbindung der Staaten ihrer Hemisphäre vordringlich. Sie arbeitete von nun an rücksichtslos mit polizeistaatlichen Methoden.

Auf der einen Seite fürchtete man also die Einzingelung durch die imperialistischen Kapitalisten, auf der anderen den Weltrevolutionsstaat Sowjetunion.

Fehlperzeptionen waren die Folge. Jede der beiden Weltmächte ging von dem gesetzmäßigen Expansionsstreben der anderen Macht aus; jede fühlte sich in der Konsequenz herausgefordert, den eigenen Machtbereich – je nach Möglichkeit mit wirtschaftlichen oder militärischen Mitteln – zu erweitern, um der anderen zuvorzukommen. Eine „Self-fulfilling-prophecy" war die Folge. Nur noch eine klare Abgrenzung der Interessensphären, eine regressive Lösung, war möglich – auch für Deutschland.

Um zu Kommunismusgegnern zu werden – und ganz bewußt wird hier nicht der Begriff „Antikommunist" verwendet[9] –, hätten die Westdeutschen jedoch nicht Halt in einem ideologiegestützten Korsett suchen müssen. Sie waren nicht erst seit der Teilung voller Mißtrauen gegenüber der östlichen Großmacht.

Zuvor schon hatten viele die Vertreibung aus dem Osten und die sowjetische Kriegsgefangenschaft am eigenen Leib erfahren (möglicherweise ohne beides mit den eigenen Verbrechen im Zweiten Weltkrieg in Verbindung zu bringen). Sie waren Zeugen des stalinistischen Terrors in Osteuropa und der kommunistischen Gleichschaltung im anderen Teil Deutschlands. Die Berlinblockade der Sowjets 1948/49 – tatsächlich zuallererst ein riskanter Versuch, die Weststaatsbildung zu verhindern – wurde als erster Griff nach der Weltherrschaft aufgefaßt. Niemand wuß-

te, zu welchen Mitteln der Einflußnahme auf den westdeutschen Staat die Sowjets noch greifen würden.
Als im Sommer 1950 nordkoreanische Truppen die Grenze ihres geteilten Landes überschritten, gewann die Furcht vor den Sowjets und damit die Wiederbewaffnung erneut an Schubkraft. Die Parallele zum Krieg in Indochina schien bei oberflächlicher Betrachtung eindeutig – und der große Unterschied, nämlich die Tatsache, daß alliierte Besatzungstruppen unmißverständlich die Zugehörigkeit der Bundesrepublik zum Westen demonstrierten, ging in der allgemeinen Panik unter.
Die DDR-Führungsriege tat unter Zuhilfenahme des Koreaschocks ein übriges, um die Westdeutschen in Angst und Schrecken zu versetzen. In der Sprache des Kalten Krieges forderte sie die Deutschen im anderen Deutschland dazu auf, sich ihrer Regierung zu widersetzen. Die „Übernahme" der Bundesrepublik sei das Ziel der DDR-Politik, (was die Ostdeutschen umgekehrt auch aus dem Westen täglich zu hören bekamen).
Von 1950 an gesellte sich zum Krieg der Worte ein Broschüren-Krieg: Die DDR exportierte in aggressivem Ton gehaltene Broschüren und Flugblätter in enormer Auflage in die Bundesrepublik – und das Gesamtdeutsche Ministerium finanzierte Gegenbroschüren. An Schärfe standen die westdeutschen Druckschriften den ostdeutschen nur wenig nach. Doch sie wiesen einen vergleichsweise höheren Grad an Objektivität auf, konnten sie doch auf Veränderungen in der DDR verweisen, die nach dem eigenen Selbstverständnis tatsächlich verbrecherisch waren. Die DDR-Erzeugnisse dagegen schreckten vor frei erfundenen und verteufelnden Unterstellungen nicht zurück[10].
Alle diese bitteren Erfahrungen allein hatten die Gegnerschaft zum Kommunismus fast zwangsläufig zum gesamtgesellschaftlichen Konsens anwachsen lassen. Doch reichte diese Überzeugung offensichtlich als Triebkraft nicht aus, um der Bundesregierung einen Blankoscheck über die Aufrüstung auszustellen. Eine Organisation wie die ADK wurde gegründet, die unermüdlich auf die kommunistische Gefahr hinwies. Sie bezog ihre Lebensberechtigung aus der vermeintlich notwendigen „Aufklärung" über den Kommunismus. Jahns ADK wurde an dessen 75. Geburtstag als Beispiel dafür gefeiert, „wie gekonnten kommunistischen Propaganda-Methoden begegnet werden kann, wenn der politische Wille bei den Verantwortlichen dafür vorhanden ist"[11].

Verfügte eine solche Anti-Propaganda also über zusätzliche, bis dahin nicht berücksichtigte Argumente gegen den Kommunismus? Die Deutschen sahen doch täglich, wie allein zwischen 1950 und 1952 über eine halbe Million Menschen „mit den Füßen abstimmte" und in den Westen flüchtete. Konnten bessere Beweise für die Berechtigung des eigenen Staates erbracht werden?

Kommunistische Propaganda war angesichts dieser Realität sowieso zum Scheitern verurteilt. Im Gegenteil: Von Kommunisten bei den eigenen Zielen unterstützt zu werden bedeutete eher eine Schwächung denn eine Stärkung. Jenen Antimilitaristen und Pazifisten, die in besonderem Maße die „Stunde Null" von 1945 verkörperten, fiel der Bündnispartner aus dem Osten eher in den Rücken, als daß er ihn stärkte. Umgekehrt wurde die Popularität Adenauers durch Angriffe von kommunistischer Seite erhöht.

Es stellt sich also die Frage, wie die ADK die Basis für die Zustimmung zur Wiederbewaffnung überhaupt erweitern wollte beziehungsweise konnte.

„Die sowjetische Beeinflussung ist erfolgreich"

Bis zum Scheitern der EVG in der Französischen Nationalversammlung am 30. August 1954 war die ADK darauf fixiert, die europäische Verteidigungsidee innenpolitisch abzusichern. Einen Monat vor dem für Adenauers Regierung traumatischen Erlebnis schickte ADK-Präsident Jahn an Edmund Forschbach, stellvertretender BPA-Leiter, eine seiner „Analysen über die Entwicklung auf dem Gebiet der Meinungsbildung in der Bundesrepublik"[12]. Diese Analyse veranschaulicht eine zentrale Strategie – und Denkweise – der ADK.

Jahn konstatiert in seinem Bericht eine „Zunahme der neutralistischen Haltung" nach der Genfer Indochina-Konferenz Ende April 1954[13]; das Vertrauen in die außenpolitische Konzeption der Bundesregierung sei gesunken; die Bevölkerungsmeinung zur EVG habe durch die französische Haltung ein kritisches Stadium erreicht; die Wehrbereitschaft gehe zurück; und die sowjetischen Wiedervereinigungs- und gesamtdeutschen Gesprächsforderungen fänden „willigere Aufnahme als vor einem Jahr". Nach dieser nachvollziehbaren Einschätzung faßt Jahn in grandioser Ver-

einfachung zusammen: „Ergebnis: Die sowjetische Meinungsbeeinflussung ist erfolgreich gewesen."
Zweifellos war die Sowjetunion daran interessiert, Kräfte zu fördern, die eine Integration der Bundesrepublik in das westliche Bündnis und die westliche Blockbildung überhaupt verhinderten. Die Gegner der Wiederbewaffnung ließen folglich durch ihren Widerstand „partiell eine unverkennbare Interessenidentität mit der Politik der SED beziehungsweise der Sowjetunion erkennen"[14]. Aber eben nur partiell. Bei den meisten von ihnen hatte die KPD selbst nichts als Gegnerschaft zu erwarten.
Auch Jahn ging in seiner Analyse durchaus davon aus, daß es nicht allein die Sowjets waren, die die Wiederbewaffnung bekämpften. Aber wer sich nicht bedingungslos hinter den Regierungskurs stellte, wurde zum gegnerischen Lager gerechnet:
„Viele Politiker und Publizisten merken schon gar nicht mehr, in welchem Umfange sie der sowjetischen Politik in die Arme arbeiten, wenn sie jenem gefährlichen Zug der Zeit Zugeständnisse machen, der dem faulen Kompromiß mit den Dirigenten der Weltrevolution huldigt [...]. Politiker, Journalisten und Bürger aus allen Bereichen tragen sowjetische Neutralisations- und Infiltrationsparolen mit einer Sicherheit vor, als wäre es ihr eigenes Gedankengut."[15]
Wie ein roter Faden durchzieht diese Zuordnung die Arbeit der ADK. Von Beginn an ordnete sie Andersdenkende in die kommunistische Schublade ein. Durch Gustav Heinemanns Argumentation gegen die Wiederbewaffnung sah die ADK „das Vertrauen zu den demokratischen, staatstragenden Kräften weitgehend untergraben"[16], Niemöller galt als das „Trojanische Pferd des Ostens"[17]. Beide wurden vermutlich in den ersten zwei oder drei Jahren des ADK-Bestehens als die ernsthaftesten Hindernisse auf dem Weg zur Wiederbewaffnung eingestuft[18].
Als die Konzeption der Europäischen Verteidigung 1954 zu Grabe getragen wurde, sah Jahn darin den „bisher größten publizistischen Erfolg der Sowjetunion"[19]. Die ADK ging nun mit „allen rhetorischen und publizistischen Mitteln" daran, den Weg in die NATO zu ebnen. „Es galt, den ganzen vorparlamentarischen Raum zu mobilisieren." Und zwar nach bekanntem Schema.
Die zumindest nach außen zur Schau getragene Furcht vor den Kommunisten nahm nun – vor der Ratifizierung der Pariser Verträge im Mai

1955 – ihre stärksten Formen an. Noch vor dem Großauftakt der Paulskirchen-Bewegung am 27. Januar 1955 lieferte die ADK einen „Überblick über die meinungspolitische Situation in der Bundesrepublik"[20], indem sie ein Horrorszenarium entwickelte:
Dieses Mal nannte die ADK ausdrücklich verschiedene Wiederbewaffnungsgegner, die SPD, Protestanten, die GVP und die Kommunisten. Doch dem Motto „Bei Wiederbewaffnung keine Wiedervereinigung" wurde von vornherein das Negativprädikat „sowjetisch" aufgedrückt[21]. Kommunistische Kader in den Betrieben (angeblich 118000 Mann), aber auch in militärischen Traditionsverbänden könnten „in kritischen Zeiten Aktionen herbeiführen, die in ihrem Ausgang die Demokratie in ihrem Bestand gefährden" würden:
„Faßt man das Ergebnis dieses Überblicks zusammen, so muß man auf das Tiefste um die Sicherheit der Bundesrepublik und der demokratischen Staatsform besorgt sein [...]. Man darf sich nicht darüber im Unklaren sein, daß echte demokratische Militanz im Lager der Regierungskoalition in weit geringerem Umfange vorhanden ist als im Lager der zu gemeinsamer Aktion verbundenen oben genannten Kräfte. Unter Umständen dürfte eintreten, daß beispielsweise die außenpolitische Konzeption des Bundeskanzlers parlamentarisch durch die Ratifizierung des Bundesparlaments bestätigt worden ist, aber das Volk diesem Tatbestand durch Verweigerung oder systematische Erschwerung der Durchführung dieser Konzeption das Ergebnis in Frage stellt. Das würde die deutsche Bundesregierung im Angesicht des Auslandes in ihrem Prestige auf das Schwerste gefährden."[22]
Wie das Angstschüren vor der kommunistischen Macht zum alles beherrschenden Element wurde, ist ebenso in den „Politischen Informationen A" zu lesen – jenem Teil des Informationsdienstes, der längerfristige Politikentwicklungen zu behandeln versuchte. Während 1954 immerhin noch vier von 13 Heften sich mit innenpolitischen Themen befaßten, stand 1955 ganz im Zeichen der Sicherheitspolitik. Fast in gleicher Ausschließlichkeit galt dies für 1956. Der Tenor der „Informationen" war stets der gleiche: Die freie Welt müsse sich vor dem Weltmachtstreben der Sowjetunion durch eine Politik der Stärke schützen.
Selbst bei gänzlich unverdächtigen Themen wurde Moskaus Aggressivität als Argument verwendet. Beispiel eins: Das Heft „Hochkonjunktur zwingt zum Maßhalten" forderte im Juli 1956 dazu auf, Lohnforderun-

gen bei Tarifabschlüssen gering zu halten. Begründung: Die Sowjetunion werde ihre Wettbewerbspreise niedrig halten, „um dadurch Zug um Zug im Westen Arbeitslosigkeit und Unruhe auszulösen"[23].

Beispiel zwei: Eine vom Presseamt im April 1957 abgelehnte Herausgabe einer „PI" über die Europäische Wirtschaftsgemeinschaft versuchte, die Europäische Integration als Antwort auf die sowjetische Politik darzustellen. Selbst das Presseamt kritisierte diese an den Haaren herbeigezogene Ursachenbeschreibung:

„M. E. brauchte in diesem Manuskript Moskau überhaupt nicht erwähnt zu werden, denn das Streben nach der Vereinigung Europas leitet sich aus ganz anderen geschichtlichen Motiven ab als von der Existenz der Sowjetunion und war in den Ansätzen schon vorhanden, als Moskau überhaupt noch nicht existierte."[24]

Andere ADK-Broschüren schreckten selbst davor nicht zurück, Dschingis Khan zu bemühen, um Panik zu verbreiten. Was sich 1945 in Ostdeutschland bis zur Elbe abgespielt habe, das habe 700 Jahre zuvor der mongolische Eroberer schon einmal versucht: „Stalin hat sich als überaus gelehriger und verständiger Schüler Dschingis Khans erwiesen", schrieb ein ehemaliger Wehrmachtsoberst allen Ernstes.[25]

Das Feindbild Kommunismus erlaubte es der ADK zu keinem Zeitpunkt, darüber nachzudenken, ob die aus der DDR oder der Sowjetunion signalisierte Gesprächsbereitschaft hätte getestet werden können – wenn auch nur zu dem Zweck, um sich dadurch im nachhinein die eigene, radikal ablehnende Position bestätigen zu lassen. Die Stalin-Note vom April 1952 wurde folglich nicht als Chance begriffen. Die ADK plädierte nicht dafür zu prüfen, ob das Wiedervereinigungsangebot ernst gemeint war. Natürlich entsprach ihre Haltung in dieser Frage der offiziellen Regierungsauffassung – die ADK aber hatte die Aufgabe, diese Auffassung zum Grundkonsens der Bevölkerung zu zementieren. Die Sowjets durften in der öffentlichen Meinung gar nicht erst als Verhandlungspartner anerkannt werden.

Ins Wanken drohte die ADK-Prämisse zu geraten, als die Sowjetunion 1955 trotz der durch die Wiederbewaffnung besiegelten Westintegration Entspannungssignale aussandte. Erst wurde nach kürzester Zeit der Österreichische Staatsvertrag im Mai unterschrieben, im Juli dann der „Geist von Genf" geboren. Die ADK versuchte mit aller Macht, diesen Geist in seine Flasche zurückzudrängen.

Lob zum 75. Geburtstag des ehemaligen ADK-Präsidenten: Jahn habe der kommunistischen Propaganda Paroli geboten (Privatarchiv Stosch).

Sie attackierte die von den Sowjets zumindest demonstrierte Verhandlungsbereitschaft als „Offensive des Charmes" oder als „neues Propagandamanöver Moskaus"[26]. Sämtliche „Politische Informationen A" ab April 1955 wiederholten in immer neuen Varianten Warnungen vor den „bolschewistischen Friedensmanövern". Die Genfer Konferenz aber wurde als bislang größter „Erfolg der neuen sowjetisch-psychologischen Offensive" gewertet, durch den die offensichtlich als gefährlich angesehene These Nahrung erhalten habe, „die Sowjet-Bürger leben und denken wie wir"[27]. Nach Ansicht der ADK barg der psychologische Bodengewinn der Sowjets die Gefahr, die Wiederbewaffnung angesichts einer allgemeinen Entspannungseuphorie innenpolitisch doch noch zum Scheitern zu bringen – und damit „die Grundlage der Regierungspolitik" überhaupt.
Mit dieser unreflektierten Anti-Haltung beraubte sich die ADK jeder Prüfung der eigenen Position. War 1955 nicht der erste Höhepunkt des Kalten Krieges überschritten, weil auch die Phase der Blockformierung in Europa beendet war? Wurde in Genf nicht zum ersten Mal wieder Gesprächs- und prinzipielle Kompromißbereitschaft demonstriert – auch wenn die Konferenz ohne greifbares Ergebnis endete? War man nicht durch Genf zu der Erkenntnis gelangt, daß die Konfrontation der Blöcke nicht zwangsläufig dazu verdammt war, fatal zu enden, sondern Koexistenz möglich sein mußte?
Natürlich ließe sich einwenden, nur in der Rückschau lasse sich dieser Einschnitt diagnostizieren, die ADK sei Mitte der fünfziger Jahre jedoch in bester Gesellschaft gewesen. Doch so stimmt das nicht: Im September 1955 definierte Jahn selbst gegenüber dem Presseamt ausdrücklich die „Zielsetzung der Sowjetrepublik: Koexistenz auf der Grundlage des Status quo"[28]. Offiziell aber wurde die Sowjetunion weiter als Weltrevolutionsstaat verdammt. Entscheidend ist, daß die ADK auch nicht zu irgendeinem späteren Zeitpunkt diese Einschätzung revidierte, sondern – wann immer möglich – die Gefahr aus Moskau beschwor.
Adenauers erfolgreiche Moskaureise 1955 etwa barg für die ADK „gewisse innenpolitische Gefahrenmomente": Durch die von Jahn selbst so genannte „Entspannungspolitik" würde die Wehrgesetzgebung in Gefahr geraten, sich zu verzögern; „die sowjetische Bedrohung der freien Welt und somit auch der Bundesrepublik" könnte nach dem Besuch unterschätzt werden – dabei sei sie um so gefährlicher, da „durch die Errichtung der Botschaft und einer Handelsvertretung [...] eine exterritorial

geschützte Zentrale für Infiltration und Agitation geschaffen wird".
In der zur Splitterpartei zusammengeschmolzenen KPD (2,2 Prozent bei der Bundestagswahl 1953) sah die ADK eine existentielle Bedrohung: Falls sie nicht vom Bundesverfassungsgericht verboten werde, „würde dieses Prozeßergebnis einer bedrohlichen Erschütterung der noch ungefestigten Demokratie in der Bundesrepublik gleichkommen".
Schließlich konnte auch die ADK nicht mehr auf die Sowjetunion zeigen, um von einer Gefährdung der Aufrüstung zu sprechen: Anfang 1957 häuften sich in der ADK-Zentrale die Berichte, daß die Wehrpflicht als einstweiliges Schlußstück der Wiederbewaffnung akzeptiert sei[29]. Arbeitslos war die ADK deshalb nicht.

Sie hatte schon viel früher ein weiteres Aufgabenfeld übernommen. Der Widerstand gegen die Atombewaffnung der Bundeswehr – gegen die weitgehend jene Leute protestierten, die sich schon gegen die Aufrüstung gewendet hatten[30] – wurde nach dem bekannten Verfahren bekämpft. 1954 war in westlichen Tageszeitungen erstmals von den amerikanischen Plänen berichtet worden, die europäischen NATO-Truppen im Ernstfall mit Atomwaffen auszustatten. Im März 1958 passierte mit den Stimmen der Regierungsfraktionen ein entsprechender Entschließungsantrag den Bundestag.

Schon im Mai 1955 warnte die ADK vor einer „Kampagne gegen die Atomstrategie". Gemeint war eine Aktion, die eher allgemein auf die Atomwaffengefahr hinweisen sollte und tatsächlich von einer kommunistisch geführten „Weltfriedensbewegung" ausging. Von Jahn aber wurde die Angst vor den Folgen von Atomwaffen, die die „Bevölkerung in ihrer Gesamtheit" ergreifen könne oder schon ergriffen habe, als pures kommunistisches Panikinstrument abqualifiziert:
„Es ist festzustellen, dass der Kommunismus speziell in Westeuropa wieder einmal seine gesamten Hilfstruppen von den Pazifisten über die politisch dem Kommunismus gegenüber labilen kirchlichen Kreise bis zur fortschrittlichen Arbeiterschaft und Intelligenz aufgeboten hat, um für eine Großaktion die Basis der breiten Massen zu erhalten."[31]

Die Auseinandersetzung über die Atombewaffnung bot der ADK bis zum Ende der fünfziger Jahre ein neues Beschäftigungsfeld. Bei Geldforderungen gegenüber dem Presseamt wurde die Anti-Atom-Kampagne immer wieder als Begründung angeführt, immer wieder galt sie als bewußt agierende oder verführte Truppe in Moskaus Diensten. Selbst als der Höhe-

punkt der Kampagne in der ersten Jahreshälfte 1958 schon überschritten war – in weit mehr als der Hälfte aller Großstädte der Bundesrepublik, ebenso in vielen kleineren Orten, war es zu Protestkundgebungen gekommen -, hielt die ADK an ihrem Feindbild fest. Im Dezember 1958 etwa forderte Jahn über den Festetat hinaus 12.000 Mark für eine Sondertagung der „120 wesentlichsten Wehrreferenten der ADK". Begründung: „Es zeigt sich hier, daß es zu oberflächlich gesehen wäre, lediglich von einem ‚Fehlschlag der Atomkampagne' zu sprechen." Die Protestbewegung könnte noch immer den Willen zur Verteidigung überhaupt schwächen. Zudem würden die Aktionskomitees erst jetzt bis in kleine Orte hinein erheblich ausgeweitet, und es gelinge, „zahlreiche Angehörige der Intelligenz für diese Zwecke zu gewinnen".
Die sowjetischen Infiltrationsthesen manifestierten sich nach Ansicht der ADK ebenso, indem sie „die NATO als Verteidigungsbündnis in Mißkredit"[32] zu bringen versuchten. Wiederholt beobachtete die ADK als Konsequenz dieser Versuche einen „starken und in unserer außenpolitischen Lage höchst gefährlichen Zug zum Neutralismus"[33]. Sie sah deshalb ihre Aufgabe darin, die Bevölkerung von der Notwendigkeit des westlichen Verteidigungsbündnisses zu überzeugen[34].
Ansatzpunkte dafür lieferte die Sowjetunion frei Haus, und die ADK verarbeitete diese Geschehnisse gezielt für ihre Zwecke: 1956 die Niederschlagung des Ungarnaufstandes, ab 1958 die Krise um Berlin – gerade diese bot, so formulierte es die ADK, eine „einmalige Gelegenheit, die entscheidende Bedeutung des westlichen Bündnisses [...] deutlicher und nachhaltiger als bisher zum Bewußtsein zu bringen"[35]. Im November 1956 gab die ADK unter der Überschrift „Der Friedhof der Freiheit" eine Sondernummer der „Politischen Infomationen A" heraus, die selbst im Bundespresseamt wegen ihrer „Simplizität und Anfechtbarkeit"[36] Unmut auslöste. In der PI heißt es:
„Am ungarischen Beispiel sieht man, was geschieht, wen man seine Freiheit mit zu wenig Waffen verteidigen muß. Das sowjetische Vorgehen in Ungarn hat uns gezeigt, daß die Sowjets keinen Staat und kein Volk neben sich oder unter sich dulden werden, das letztlich nicht die kommunistische Gesellschaftsordnung annimmt [...]. An Ungarn kann die Welt sehen, und zwar die westliche wie die afro-asiatische, was sie letztlich von den Sowjets zu erwarten hat."[37]
Gleichzeitig ließen sich bei dieser Gelegenheit wieder innenpolitische

Gegner ausgrenzen, die man selbst jahrelang unter Kommunismusverdacht gestellt hatte: „Mit diesen Henkern der Freiheit gibt es kein Paktieren. Die Welt tut gut daran, darauf zu achten, wer mit diesen Mördern des ungarischen Freiheitskampfes befreundet ist, wer sie als Partner bezeichnet."

Zusammengefaßt finden sich bei der ADK zwei Haupttendenzen. Erstens: Sie setzte alles daran, die Furcht vor den Kommunisten ins Grenzenlose zu steigern. Auf das antikommunistische „Bedrohungssyndrom" ließ sich dabei bestens aufbauen. Zweitens: Sie engagierte sich für die Wiederbewaffnung mit einem Verdacht gegen die Wiederbewaffnungsgegner. Diese wurden von der ADK mit dem schlimmsten Stigma belegt, das der Kalte Krieg bereithielt: Sie wurden als Handlanger Moskaus gebrandmarkt.

> „Die Nazis waren Antikommunisten. Also, was besagt dies bezüglich demokratischer Legitimation? Nichts, gar nichts, Antikommunisten können totalitär sein, diktatorisch, tyrannisch, despotisch. Diese Art von Antikommunismus habe ich pervers genannt. Es war ein Antikommunismus, der die alte Bundesrepublik immer bedroht hat. Ich würde sagen, er gehörte zur politischen Rechten, zum Rechtskonservatismus. Dieser perverse Antikommunismus hat nicht 1945 begonnen, sondern es gab ihn schon vorher, schon seit 1917. Er hat die politische Atmosphäre der Weimarer Republik mitbestimmt. Dann aber ist er durch das Fegefeuer des Nationalsozialismus gegangen und hat eine ganz besondere deutschspezifische Form bekommen." *Ralph Giordano*

Der instrumentalisierte Antikommunismus

Unter dem Begriff Antikommunismus, wie er für die ADK verwendet wird, ist etwas anderes als eine begründete Kommunismuskritik zu verstehen. Die Herrschaftspraxis des Kommunismus zu analysieren und im Namen des Kommunimus geschehen(d)es Unrecht zu benennen hat

nichts mit Antikommunismus zu tun. Eine solche Analyse aber hat die ADK nie versucht.
Bei ihr degenerierte die berechtigte Kritik zu einer Art Weltanschauung. Sie leistete ihren Beitrag dazu, um den Antikommunismus zum „staatlichen Selbstverständnis"[38] der Ära Adenauer zu erheben. Der ADK ging es nur darum, den Kommunismus schlechthin zu diffamieren, während Menschenrechtsverletzungen in befreundeten Regimen übersehen wurden. ADK-Mitarbeiter bereisten zum Beispiel die Türkei als südöstlichen NATO-Stützpunkt[39] und das diktatorische Griechenland; ADK-Präsident Jahn lobte das Apartheidregime in Südafrika.
Eine realistische Prüfung der sowjetischen Politik ließ ein Antikommunismus nach ADK-Muster nicht zu, wollte die ADK auch gar nicht zulassen. Sie agierte und agitierte vor dem oben beschriebenen Hintergrund des Kalten Krieges. Die ADK manipulierte die Furcht ins Neurotische, um ihr Hauptziel, die Wiederbewaffnung, voranzutreiben. Daneben ließen sich so Geldforderungen gegenüber dem Presseamt um so besser durchsetzen.
Je stärker die Angst der Bevölkerung forciert wurde, desto eher war diese bereit, sich mit den Zielen ihrer Regierung zu identifizieren. Abweichungen von einer solchen Linientreue mußten das Gefühl vermitteln, in den Abgrund zu schlittern – um so mehr, als es sich bei den Deutschen um eine autoritätsgewohnte Bevölkerung handelte.
Die „Anti-Ideologie" stieß in der Bundesrepublik, dem geteilten Land an der Nahtstelle zwischen den Blöcken, auf besonders günstige Umstände. Sie diente als Integrationsfigur sowohl im Innern als auch nach außen. Das „Provisorium" Bundesrepublik wies seine Existenzberechtigung durch ein „Anti" gegenüber dem anderen deutschen Staat nach. Jeder sollte sich einreihen in die Einheitsfront der Abwehr, „die von Wirtschaftsverbänden bis Gewerkschaften, von der HIAG, dem Kameradschaftsbund der alten SS-Kämpfer, bis zu den Kirchen reicht".[40]
Umgekehrt gewendet bedeutete dies, daß Andersdenkende diffamiert werden konnten. Die ADK instrumentalisierte den Kommunismusverdacht zu diesem Zweck. „Der Antikommunismus verurteilte den sozialistischen, pazifistischen und antimilitaristischen Impuls des Nullpunkt-Denkens zu einem Dasein im Schatten der politischen Wirklichkeit."[41]
Die ADK hätte aber nicht entsprechend operieren können, wenn dem Antikommunismus nicht ein tragendes Fundament zugrunde gelegen

hätte. Der Feind Sowjetunion wurde in der Bundesrepublik keinesfalls neu entdeckt. Die vielen Soldaten in der ADK hatten ihn sogar schon mit Waffengewalt bekämpft: Der Zweite Weltkrieg war im nationalsozialistischen Deutschland zum Abwehrkampf gegen den Bolschewismus erhoben worden. Das „Endziel" war der Krieg gegen die UdSSR.

> „Er [der Antikommunismus, d. Autor] ist die offizielle staatsbürgerliche Haltung, und in ihm haben sich ideologische Elemente des Nazismus mit denen des kapitalistischen Westens amalgamiert. So ist eine differenzierte Realitätsprüfung für alles, was mit dem Begriff kommunistisch bezeichnet werden kann, ausgeblieben. Das unter Adolf Hitler eingeübte Dressat, den eigenen aggressiven Triebüberschuß auf das propagandistisch ausgenutzte Stereotyp ‚Kommunismus' zu projizieren, bleibt weiter gültig; es stellt eine Konditionierung dar, die bis heute nicht ausgelöscht wurde, da sie in der weltpolitischen Entwicklung eine Unterstützung fand."
> *Alexander u. Margarete Mitscherlich in*
> *„Die Unfähigkeit zu trauern", 1967*

Das Weiterleben des alten Feindbildes im neuen Staat konnte nun dazu dienen, (wenigstens teilweise) Frieden mit der eigenen Vergangenheit zu schließen. Die Kommunistenverfolgung, im nationalsozialistischen Regime eingeübt, wurde als legale Aufgabe des Staatsschutzes übernommen. Eine auf die Entstehung des Bundesnachrichtendienstes angewendete Feststellung trifft deshalb ebenso für die ADK zu: „Eine [...] bemerkenswerte Verwandlung von Gehilfen des NS-Systems in Schützer der jungen Bonner Demokratie vollzog sich."[42] Sogar der Krieg gegen die Sowjetunion konnte mit diesem Verständnis gerechtfertigt werden, während die eigenen Verbrechen gegenüber den Sowjets verblaßten[43]. Die Gewalttaten der Sowjets wurden dafür um so mehr in den Blickpunkt gerückt.

1) Interview mit Jahn.
2) Bereits am 29. August 1950 überreichte Adenauer dem amerikanischen Hohen Kommissar McCloy das geheime „Sicherheitsmemorandum", in dem er ein deutsches Kontingent in einer westeuropäischen Armee anbot.
3) Elisabeth Noelle/Erich Peter Neumann, Jahrbuch der Öffentlichen Meinung 1947 – 1955, Allensbach 1956 (2. Aufl.), S. 360/361.
4) Jacobson, Öffentliche Meinung und Wiederbewaffnung, S. 64/65.
5) Jacob Kaiser, Bundesminister für gesamtdeutsche Fragen, oder auch der FDP-Abgeordnete Karl-Georg Pfleiderer erkannten die Unvereinbarkeit von Wiederbewaffnung und Wiedervereinigung. Während Pfleiderer ein (chancenloses) Alternativkonzept formulierte, räumte Kaiser ab 1950 der Verteidigung gegenüber der Einheit die höhere Priorität ein und schwenkte damit auf Regierungskurs. – Rupp, Außerparlamentarische Opposition in der Ära Adenauer. Der Kampf gegen die Atombewaffnung in den fünfziger Jahren, Köln 1970, S. 69/70.
6) Die DGB-Spitze akzeptierte zunächst die Wiederbewaffnung und erwartete von der Bundesregierung im Gegenzug Konzessionen bei eigenen Forderungen. Auf Druck der Basis mußte die DGB-Spitze später ihre Position revidieren.
7) Vgl. Rolf Steininger, Wiederbewaffnung. – Die Entscheidung für einen westdeutschen Verteidigungsbeitrag: Adenauer und die Westmächte 1950, Erlangen/Bonn/Wien 1989, bes. S. 391–395.
8) In der Himmeroder Denkschrift vom Oktober 1950 heißt es bezeichnend: „Die Wehrkraft zur Ausfüllung der großen Lücke in der europäisch-atlantischen Verteidigung ist im deutschen Volke wohl vorhanden, doch fehlt in weiten Kreisen noch der Wehrwille." – Zitiert nach: Wolfgang Benz, Die Gründung der Bundesrepublik. Von der Bizone zum souveränen Staat, S. 146.
9) Vgl. dazu unten in diesem Teil, Kapitel: Der instrumentalisierte Antikommunismus.
10) Nolte, Kalter Krieg, S. 389/398.
11) Aktiv für Deutschland, SKS-Schrift 1989 (Nr. 5), S. 2.
12) Nach Jahns Angaben beruhte der Bericht auf der zweimonatigen Auswertung von 265 Tageszeitungen und Wochenzeitschriften, der dreimonatigen Auswertung von 550 Diskussionen bundesweit und sieben Tagungen sowie der „vielseitigen Kontaktberichterstattung unserer Mitarbeiter". – B 145/1031, Meinungsanalyse Jahns vom 28.7.54.
13) Die Konferenz endete am 21. Juli mit der dauerhaften Spaltung Vietnams – von den Deutschen wurde das als ein schlechtes Omen für ihr eigenes Schicksal gewertet, zumal schon die Berlin-Konferenz der vier Siegermächte im Januar/Februar 1954 nur den ergebnislosen Austausch von deutschlandpolitischen Maximalpositionen erbracht hatte.
14) Jacobsen, Öffentliche Meinung und Wiederbewaffnung, S. 91.
15) B 145/1031, Meinungsanalyse Jahns vom 28.7.54.
16) B 145/1030, ADK-Bericht über eine Heinemann-Veranstaltung in Mannheim vom 16.1.52.
17) Ebd., ADK-Bericht über Niemöller vom 2.2.52.
18) Jahn empfahl, die Aktionen Heinemanns und Niemöllers „nicht auf die leichte Schul-

ter" zu nehmen. – B 145/1030, ADK-Bericht über die Heinemann-Veranstaltung in Mannheim vom 16.1.52. – Vgl zu Niemöller und Heinemann unten Teil V, Kapitel: „Stoßaktion gegen die Antikommunisten".

19) Jahn, An Adenauers Seite, S. 257.
20) B 145/1036, Meinungsanalyse Jahns vom 17.1.55. – Diesmal beruhte der Überblick auf der Beobachtung von 2209 Diskussionen mit 146813 Teilnehmern, der Analyse von 50 Tagungen mit 3536 Teilnehmern, der kontinuierlichen Berichterstattung von Mitarbeitern sowie der Auswertung von 250 Tageszeitungen. Der Bericht wurde vom BPA als „Geheim" eingestuft.
21) Wie weit diese Einschätzung an der Realität vorbeiging, zeigt das „Deutsche Manifest", das am 29.1.1955 in der Paulskirche veröffentlicht wurde. Darin heißt es: „Die Aufstellung deutscher Streitkräfte in der Bundesrepublik und in der Sowjetzone muß die Chancen der Wiedervereinigung auf unabsehbare Zeit auslöschen." In die Paulskirche hatten der DGB-Vorstand, der SPD-Vorsitzende Ollenhauer, der Soziologe Albert Weber und der Theologe Helmut Gollwitzer eingeladen. Wortlaut des Manifests beispielsweise in: Süddeutsche Zeitung vom 31.1.55.
22) Ebd. – Wie üblich nutzte die ADK das von ihr selbst heraufbeschworene Schreckensbild, um beim BPA eigene Aktionen finanzieren zu lassen. In diesem Fall schlug sie vor: 3000 Diskussionen; „die Information von rund 5000 Vertretern der Verbände und Gruppen aller Bereiche in Informationstagungen, die bisher die größten Erfolge gezeitigt haben"; sechs weitere PI-As; die Herausgabe einer Grundsatzbroschüre über die Wiederbewaffnung; den Druck von Flugschriften und Plakaten, die Herstellung von 500 weiteren Kopien für eigene „Aufklärungsfilme" und die „Durchführung einer Werbewagenaktion (Mobilwerbung) in den nächsten Landtagswahlbereichen."
23) Ebd., Hochkonjunktur zwingt zum Maßhalten, PI-A vom 2.7.56 (5. Jg.), Nr. 8, S. 2.
24) B 145/1038, BPA-Aufzeichnung vom 1.4.57.
25) Neutralität?, Berlin 1952, von Oberst d. P. a. D. Hermann Müller-Brandenburg.
26) Das Beispiel ist einer undatierten „Übersicht über die meinungspolitische Situation" entnommen, die kurz vor Adenauers Moskaureise im September verfaßt worden sein muß.
27) B 145/1036, undatierte Übersicht über die meinungspolitische Situation.
28) B 145/1036, Bericht Jahns über die Meinungspsychologische Probleme in der Bundesrepublik nach dem Kanzlerbesuch in Moskau vom 10.9.55.
29) Ebd. – Aus Baden-Württemberg, Bayern und Rheinland-Pfalz trafen in der Zentrale innerhalb einer Woche, vom 21. bis 27. Februar 1957, drei Berichte ein, wonach die Wehrpflicht mittlerweile als selbstverständlich erachtet werde.
30) Dieses Mal bezog selbst die FDP, die nun in der Opposition war, eindeutig Stellung gegen die Atombewaffnung.
31) B 145/1036, Zusammenfassender Bericht Jahns über geheime Absprachen innerhalb der kommunistischen und neutralistischen Führungsgruppen vom 24.5.55.
32) Ebd., Brief Jahns an das BPA vom 15.9.56.
33) Ebd., ADK-Brief an das BPA vom 5.7.58.
34) Schon ab Herbst 1956 organisierte die ADK für ihre Wehrreferenten Reisen in das NATO-Hauptquartier nach Paris, finanziert aus dem Titel „Öffentlichkeitsarbeit in Ver-

teidigungsfragen". Jahns Worten zufolge übernahm die ADK dabei eine Vorreiterrolle. Die Organisation solcher Reisen wurde allerdings auch bei Bundestagsabgeordneten immer beliebter, nicht zuletzt wegen ihrer „touristischen Komponente". Bis 1963 fuhren 50 ADK-Delegationen mit 1500 Referenten in die französische Hauptstadt. Kosten pro Reise: etwa 14000 Mark.

[35] B 145/3537, Brief Jahns an das BPA vom 7.1.59.

[36] Grund für den Unmut war allerdings auch, daß das zuständige Referat „Öffentlichkeitsarbeit in Verteidigungsfragen" bei der Veröffentlichung der Sondernummer übergangen worden war. – B 145/1038, BPA-Aufzeichnung vom 4.12.56. – „Der Friedhof der Freiheit" entsprach gleichzeitig so gut dem Massengeschmack, daß die Zeitschrift „Bild-Post" den Text in einer Auflage von 170000 Stück nachdruckte. Vgl: Ebd., Brief Jahns an das BPA 20.11.56.

[37] Zsg. 1, 22/28, Friedhof der Freiheit, PI-A-Sondernummer vom 7.11.56 (5. Jg.), Nr. 12, S. 2.

[38] Karl Dietrich Bracher, Wird Bonn doch Weimar? In: Spiegel vom 17.3.67 (Nr. 12), S. 60–68. S. 63.

[39] Bei einer Tagung für ehemalige Soldaten 1956 referierte Jahn zum Beispiel über einen Besuch in der Türkei: „Großes Interesse erweckten auch die [...] von dem gerade aus der Türkei zurückgekehrten Vortragenden [d. Autor] gegebenen Hinweise auf die politisch klare, illusionslose Haltung der Türkei, die auf langen Erfahrungen mit der russischen Politik beruht, auf die erstaunliche dort geleistete Aufbauarbeit [...]." – B 145/1033, ADK-Bericht über eine Informationstagung für ehemalige Soldaten vom 3./4.11.56 in Hennef.

[40] Hofmann, Stalinismus und Antikommunismus, S. 135

[41] Manteuffel, Deutschland in der Ära Adenauer, S. 211.

[42] Rupp, Außerparlamentarische Opposition, S. 90.

[43] Jahn erwähnt die deutschen Verbrechen in seinem Buch „An Adenauers Seite" an keiner Stelle, während er auf die der Sowjets immer wieder hinweist.

UMGANG MIT GEGNERN

Protestanten: „Stoßaktion gegen Antidemokraten"

Die leidenschaftlichste Debatte um die Wiederbewaffnung wurde in der Evangelischen Kirche in Deutschland (EKD) geführt. Offiziell nahm die EKD zwar eine moderate Position ein: Die Frage der Aufrüstung könne vom Glauben her unterschiedlich beantwortet werden. Doch prominente Köpfe in ihren Reihen zählten zu den vehementesten Gegnern von Adenauers Politik, allen voran Martin Niemöller, hessischer Kirchenpräsident und Vorsitzender des Bruderrats der Bekennenden Kirche[1], sowie Gustav Heinemann, Präses der EKD-Synode, der im Oktober 1950 aus Protest gegen die Wiederaufrüstung seinen Posten als Innenminister abgab.

Die ADK beobachtete die Aktionen Niemöllers und Heinemanns genauestens. Sie suchte ihre Widersacher im gesamten Bundesgebiet in Veranstaltungen auf. ADK-Berichte über beide wanderten hinauf bis zu Adenauer persönlich. Vor allem die von Heinemann nach seinem Rücktritt gegründete „Notgemeinschaft für den Frieden Europas", die eine Petitionskampagne gegen die Wiederaufrüstung startete, löste bei der ADK Besorgnis aus. Jahn empfahl Adenauer, Heinemann und Niemöller „nicht auf die leichte Schulter" zu nehmen[2].

In der „Notgemeinschaft" sammelten sich, so Heinemann selbst, Sozialdemokraten und Regierungsanhänger, „Männer und Frauen aller Stände, Pazifisten und ehemalige Soldaten, Protestanten und Katholiken"[3] – all jene, die „die Aufrüstung ablehnen, aber an kommunistisch gesteuerten Aktionen nicht teilnehmen wollen". Von Beginn an bemühte sich Heinemann mit „fast perfekten Vorsichtsmaßnahmen gegenüber Neueintretenden"[4], Kommunisten aus der „Notgemeinschaft" und der im November 1952 daraus hervorgehenden Gesamtdeutschen Volkspartei (GVP) herauszuhalten. Wer in die „Notgemeinschaft" aufgenommen werden wollte, benötigte dafür einen einstimmigen Beschluß der Gründungsmitglieder; GVP-Interessenten mußten eine „Anti-Totalitarismus-Erklärung" unterschreiben.

Dennoch sah sich Heinemann einer „unentwegten Diffamierung" durch „westliche Tarnorganisationen mit ebenso großen wie undurchsichtigen

Geldquellen"[5] ausgesetzt. Er selbst bewertete die Verunglimpfung so: „Vorspann der Adenauerschen Rüstungspolitik ist wieder einmal eine Mobilisierung des Antikommunismus mit weltanschaulicher, und zwar christlicher Verbrämung, bis hinein in eine Kreuzzugs- und Erlösungsstimmung, die sich schon längst nicht mehr scheut, jeden des Kommunismus zu verdächtigen, der vor diesem Weg warnt."[6]
Der Ansatzpunkt, die „Notgemeinschaft" als kommunistisch zu stigmatisieren, war leicht zu finden: Heinemann anerkannte eine deutsche Schuld gegenüber der Sowjetunion (und Polen). Eine Politik unter dieser Prämisse aber hätte die Sowjetunion entdämonisieren müssen – und damit hatte Heinemann gegen ein Tabu das Kalten Krieges verstoßen. Er suchte eine Lösung für die Deutschlandfrage, die über Verhandlungen und Kompromisse mit der Sowjetunion ging. Jede Lösung mußte seiner Ansicht nach Rußlands Furcht vor der Wiederholung eines deutschen Angriffs und Deutschlands Furcht vor einer „Bolschewisierung" berücksichtigen. So favorisierte er ein neutrales Deutschland ohne SED-Herrschaft, aber auch ohne westdeutsche Aufrüstung. Dem Bedrohungsgefühl der Bevölkerung trug seine Konzeption Rechnung, indem er eine Schutzgarantie von den drei Westalliierten forderte.
Endgültig fiel die GVP unter das Kommunismus-Verdikt, als sie sich vor der Bundestagswahl 1953 mit dem „Bund der Deutschen" (BdD) des ehemaligen Reichskanzlers in der Weimarer Republik, Joseph Wirth (Zentrumspartei), zusammenschloß. Der BdD galt als kommunistische Tarnorganisation, auch wenn er nach einer Überprüfung Heinemanns kein Geld aus der DDR bekommen haben soll.
Jemand, der so konträre Positionen zur Regierungsmeinung bezog wie Heinemann, verließ nach ADK-Lesart den Boden der Verfassung. Die ADK bewertete Heinemanns Überlegungen als einen Angriff auf die Demokratie – wieder wird die Reduzierung des Demokratiebegriffs auf Adenauer-Politik deutlich. Heinemann, so die ADK, werde alles mobilisieren, „um die Bundesregierung und den Bundeskanzler hinwegzufegen"; „starke Teile des Bürgertums"[7] könnten von der Aktion erfaßt werden.
Um die Aktivitäten der „Notgemeinschaft" zu überwachen, steigerte sich die ADK in einen detektivischen Wahn hinein. Ein ADK-Beobachter aus Hamburg legte seinem Bericht 15 Anlagen bei[8]; er überprüfte, welche Organisationen an Vorbesprechungen für eine Tagung der Notgemein-

Keine Alternative: Wer nicht Adenauer wählt, an dessen Demokratiefähigkeit ist zu zweifeln (Privatarchiv Stosch).

schaft teilgenommen hatten, schickte an die Zentrale Zeitungsankündigungen der Veranstaltung („von 4–9 Zeilen" Länge) und Flugblätter, fotografierte Plakate und Versammlungsbesucher, horchte den Kassierer und die Veranstalter aus, zählte, wieviel Prozent der Besucher an welchen Stellen klatschten – und fahndete nach nachweisbaren Verbindungen zu Kommunisten.

Nach einer Veranstaltung Heinemanns und Helene Wessels[9] in Mannheim im Januar 1952 – bei der die ADK 300 Kommunisten, die „so eine Art Saalschutz darstellten"[10], erblickte – kündigte Jahn an, „den vorgetragenen Angriff mit einem Angriff zu beantworten". Neben einer Versammlungsreihe mit 20 bis 30 „aktivistischen politischen Rednern" plane die ADK, so Jahn an Lenz:

„Die Arbeitsgemeinschaft Demokratischer Kreise wird daher im Monat Februar zwei größere Tagungen durchführen, um möglichst schnell zu einer Garnitur guter Redner zu kommen, die in Stoßaktionen gegen die antidemokratischen Kräfte auftreten können."[11]

Nach der Bundestagswahl im September atmete die ADK auf. Die als kommunistisch diskreditierte GVP war bei dem kläglichen Ergebnis von 1,2 Prozent gelandet und fiel damit unter die neu eingeführte Fünf-Prozent-Klausel. Selbst 1987 verspürt Jahn darüber noch Genugtuung:

„Heinemann und Wirth hatten vom Volk eine Abfuhr erteilt bekommen, die den Zerfall der von beiden gegründeten Parteien einleitete. Heinemann und seine nächsten Jünger schalteten um, wechselten hinüber in die SPD. Ideologisch wandelten sie sich nicht."[12]

Martin Niemöller fühlte sich im April 1955 so stark von der ADK angegriffen, daß er sich in einem Brief direkt an sie wandte:

„Sie nennen sich Arbeitsgemeinschaft Demokratischer Kreise. Ich weiß nicht, woraus diese Arbeitsgemeinschaft besteht; ich muß indessen annehmen, daß Sie lediglich eine Tarnorganisation der Regierung in Bonn darstellen, von der Sie vermutlich auch das Geld für ihre weitgreifende Propaganda erhalten. Wenn Sie aber das Wort ‚demokratisch' nicht restlos um jeden Kredit bringen wollen, möchte ich Ihnen dringend empfehlen, die Überzeugungen anderer zu achten und nicht in dieser Weise in den Schmutz zu ziehen. Sie graben sich damit selbst das Grab, falls Sie nicht nur getarnte Faschisten sind."[13]

Martin Niemöller, der Verfasser des „Stuttgarter Schuldbekenntnisses", hatte aus dem Versagen seiner Kirche im Nationalsozialismus die Pflicht zur politischen Stellungnahme abgeleitet. Schon im Oktober 1950 forderte er eine Volksbefragung über die Wiederbewaffnung. Adenauer sei nicht durch Wählerwillen zur Wiederbewaffnung legitimiert worden. Niemöller war davon überzeugt, daß die Bundesregierung völlig unabhängig vom Volkswillen aufrüsten wolle und dazu bereits mit psychologischen Vorbereitungen größten Stils begonnen habe.

Seine scharfe Opposition zur Regierungspolitik ließ selbst große Teile seiner eigenen Kirche auf Distanz zu ihm gehen. Letztlich war der hessische Kirchenpräsident ein Einzelgänger. Für Adenauer und die Verfechter der Wiederaufrüstung aber stellte er eine Art „Staatsfeind Nr. 1" dar, denn seine Stimme besaß im Ausland Gewicht. Als Leiter des Außenamtes der EKD und als Mitarbeiter im Weltrat der Kirchen wußte sich Niemöller, der das „bessere Deutschland" personifizierte, Gehör zu verschaffen.

Die ADK versuchte nicht nur, Niemöller als Kommunisten abzustempeln. Ebenso stellte sie ihn als „Querulanten"[14] dar. Attacken auf ihn nahmen stark persönlichen Charakter an[15]. Im September 1959 rügte die spätere Gesundheitsministerin Elisabeth Schwarzhaupt (CDU) eine Broschüre der ADK über Niemöller. Darin war unter anderem behauptet worden, zwei Schwestern Niemöllers seien im Irrenhaus gestorben, und katholische Mithäftlinge in Niemöllers Zeit im Konzentrationslager hätten seine Stuttgarter Schulderklärung beeinflußt[16].

Die ADK räumte zwar in einer Antwort an die Ministerin ein, sie hätte selbst „Bedenken" gegen die unter einem Pseudonym herausgegebene Schrift gehabt – gemeint war damit vor allem die Aussage über Niemöllers Schwestern. Ansonsten aber rechtfertigte die ADK die „ausnahmsweise scharfe polemische"[17] Darstellung, da Niemöller sich mit „skrupelloser Diffamierung jedes anders Denkenden in rein politische und Verteidigungsfragen" eingeschaltet hätte:

„So sind wir dazu bestimmt worden durch die Überzeugung, dass das hemmungslose polemische Wirken des Kirchenpräsidenten eine Gefahr für die Selbstbehauptung der freien Welt und die Verteidigung der Werte des Christentums darstellt [...]. Es ist nach unserer Überzeugung dringend notwendig, in Anbetracht der Gefahr, in der wir uns befinden, hier mit einer offenen und scharfen Sprache zu antworten."

Der Unruheherd Evangelische Kirche beschäftigte die ADK über den gesamten Zeitraum der Wiederbewaffnung. Sie bemühte sich auf Geheiß

des Presseamtes um stärkeren Einfluß auf die Kirchenpresse, weil „gerade unter den Vikaren, die für die Kirchenpresse schreiben, viele den Ideen Heinemanns anhängen"[18]; sie registrierte bei Kirchentagungen, daß „einseitige Redner wie Heinemann und Niemöller" Kirchengemeinden zu beeinflussen versuchten und zudem eine „Gegnerschaft gegen bejahende Pfarrer"[19] an den Tag legten; oder sie berichtete dem Presseamt über Aktionen des „bekannten Pastors Mochalski"[20].
Der Studentenpfarrer Mochalski, ein enger Freund Niemöllers, war Gründer der „Darmstädter Aktionsgruppen", die vor allem im Frühjahr 1952 als Hort der evangelischen Opposition gegen die Wiederaufrüstung starken Zulauf hatten. Die ADK tat im Fall Mochalski das Übliche, um dessen Anstrengungen zunichte zu machen: Sie ging vor Ort gegen ihn vor. In einem Brief an Lenz heißt es:
„Unsere Arbeitsgemeinschaft in Darmstadt und die Arbeitsgemeinschaft in Frankfurt wurden angewiesen, Voraussetzungen zu schaffen, damit in der Veranstaltung entgegengewirkt werden kann."[21]

„Links war ein Schreckenswort, es war ein Schimpfwort. Die konservative Rechte hat damit großen Erfolg gehabt. Mit dem Schreckgespenst des Kommunismus wurden Freiheiten eingeengt in den Gruppen, die man links nennen könnte, die aber meines Erachtens nicht staatsgefährdend waren, weder in ihren Absichten noch von ihrer Kraft her. So war es eine hysterische Periode – mit fürchterlichen Folgen: Man überlege sich einmal diese Perversität, die in der faktischen Geschichte der alten Bundesrepublik existierte: Der Lokführer, der DKP-verdächtig war, der wurde entfernt, aber Hans Globke, der Kommentator der Nürnberger Rassengesetze, die erste Stufe in das Inferno der Gaskammer, der wurde Adenauers Staatssekretär." *Ralph Giordano*

Rednerschulung: „Alle Teilnehmer sind einsatzbereit"

Was die ADK benötigte, waren nicht nur genügend Mitstreiter mit der

entsprechenden politischen Überzeugung, sondern sie brauchte auch die Unterstützung guter Redner. Denn in der Diskussion wollte die ADK davon überzeugen, daß Adenauer die einzig richtige Politik betreibe. Rhetorikseminare standen von Beginn an ganz oben auf dem Stundenplan der ADK, von 1954 an in der eigenen Rednerschule in Rheinbach. Die Kursteilnehmer wurden gezielt auf verbale Auseinandersetzungen vorbereitet. Für die Wiederbewaffnung erprobte die ADK Anfang Februar 1952 ein eigenes Verfahren: Den Besuchern eines „Sonderrednerlehrgangs", „ehemalige höhere Offiziere und jüngere Herren"[22], wurden Gegenargumente gegen die Wiederaufrüstung schriftlich vorgelegt, die sie widerlegen sollten. Das Ergebnis des Probelaufs:
„Alle Tagungsteilnehmer brachten in einer lebhaften Diskussion so viel Argumente gegen diese negierenden Einwände vor, daß überraschender Weise festgestellt werden konnte, daß die anwesenden Herren weitgehend für die politische Diskussion dieser Fragen geeignet waren. Die Fülle der Gegenargumente beweist, daß eine systematische Zusammenfassung in Rednerkursen die Möglichkeit gibt, die Problematik der Niemöller-Argumentation und der Heinemann-Wessel-Argumentation von vielen Seiten zu widerlegen."
In einer Stellungnahme hielt das Presseamt die Vorbereitungsart für so „geglückt"[23], daß es dafür plädierte, solche Veranstaltungen so oft wie möglich zu wiederholen. Das Arbeitsrezept sollte noch verfeinert werden. Den Rednern sollten künftig auch die Pro-Argumente schriftlich ausgehändigt werden, und außerdem schien es ratsam, den Teilnehmerkreis zu erweitern:
„Es erscheint notwendig, daß auch Frauen hinzugezogen werden. Gerade von den Frauen werden so viele Gegenargumente, die auf Ressentiments oder Sentiments beruhen, vorgebracht, auf die Männer weniger gut zu antworten in der Lage sind als Frauen selbst."
Nach den Seminaren wurden die Teilnehmer nicht einfach entlassen. Sie wurden in Organisationspläne eingetragen, die Auskunft darüber gaben, wer in welchem Hörerkreis „einsatzbereit" war. Bei Bedarf konnten ADK-Referenten überall in der Bundesrepublik abgerufen werden. Über den schon genannten „Sonderrednerlehrgang" heißt es:
„Alle Teilnehmer sind sofort einsatzbereit und sind einverstanden mit der Arbeit in ständischen Organisationen und überall, wo man sie anfordert, aufzutreten."

Die ADK durfte sich nicht darauf beschränken, nur vor Publikum aufzutreten, das der Wiederbewaffnung von vornherein wohlwollend gegenüberstand. Die Unentschlossenen, noch besser aber die Gegner, mußten nach Möglichkeit auf die eigene Seite gezogen werden. Die ADK entwickelte die Strategie, an Veranstaltungen, die gegen die eigenen Ziele gerichtet waren, „inkognito" teilzunehmen. Ende Februar 1952 übermittelte Jahn dem Presseamt die erste Erfolgsmeldung:
„In der Anlage erhalten Sie einen Bericht über eine Versammlung gegen den Schumanplan im Hüttenbetrieb Meiderich. Auf dieser Versammlung ergriff erstmalig ein durch unsere Lehrgänge gegangener junger Arbeiter das Wort und nahm gegen die kommunistische Agitation Stellung. Er hat sich hierbei sehr gut geschlagen und wir haben damit den Beweis, daß es unbedingt notwendig ist, unsere jungen Frauen und Männer in der Diskussion aktionsfähig zu machen. Wie Ihnen bereits mitgeteilt, beabsichtigen wir, 35 Redner für diese Aufgaben in dem Lehrgang Ende dieser Woche heranzubilden."[24]

War es unmöglich, bei solchen Treffen selbst mitzureden, waren eigene Leute zumindest zur Stelle. Das Presseamt organisierte eine Arbeitsteilung: Es teilte der ADK beispielsweise mit, sie solle eine Versammlung der „Internationale der Kriegsdienstgegner" in Hessen besuchen, während das Amt selbst eine Tagung der Württembergischen Evangelischen Landeskirche über „Friedenssicherung und Friedensbewegung" übernehmen werde[25].

Noch effektiver war es – wie schon im Fall Niemöllers und Heinemanns gezeigt –, mit eigenen Veranstaltungen dagegenzuhalten. Ereilte das Presseamt etwa, wie im März 1954, der Hilferuf, daß ein kommunistischer Stadtratsabgeordneter in Marienburg/Westerwald die Bevölkerung „terrorisiert"[26], wurde die ADK eingeschaltet. 24 Stunden später antwortete Jahn bereits auf die BPA-Anweisung: Es sei dafür gesorgt, daß in Marienburg „laufend Veranstaltungen"[27] durchgeführt werden würden.

Von der ADK selbst müssen die Ausflüge auf „gegnerisches Territorium" manchmal als Wagnis betrachtet worden sein: Schon Anfang 1953 war die ADK beim niedersächsischen DGB – und wahrscheinlich nicht nur dort – für ihre „scharf ablehnende Haltung gegenüber den Gewerkschaften" bekannt[28], dennoch traute sie sich eine Tagung mit Betriebsräten im Rheinland im November 1956 zu[29]. Die ADK ging in diesem Fall sehr vorsichtig vor. Sie vertrat zwar eindeutig Regierungspositionen, erweckte aber nicht den von den Gewerkschaftern erwarteten Eindruck, sie sei als Rekrutenwerberin erschienen. Im internen BPA-Bericht wurde dann aber auf die „leichtsinnige Unkenntnis" der Betriebsräte aufmerksam gemacht, die auf die SPD-Propaganda zurückzuführen sei. Jahn bewertete die Tagung als so erfolgreich, daß er sogleich Presseamtschef Eckardt mitteilte, die „Arbeit auf diesem Sektor" solle verstärkt werden.

Diffamierung und subtilere Methoden

Mit offenen Diffamierungen mußte die ADK haushalten – abgesehen vom permanenten Kommunismusvorwurf, der als Ahndung eines Verstoßes gegen einen gesellschaftlichen Konsens erlaubt war. Verleumdungen wie bei Niemöller polarisierten das Publikum eher in Freund und Feind, als daß es damit zu gewinnen gewesen wäre.

Das heißt nicht, daß die ADK zimperlich vorging. Trotz aller Rhetoriklehrgänge war sicher nur ein Teil des riesigen Stabes in der Lage, auf konträre Meinungen mit verbindlichen Tönen zu reagieren. Mit nationalistischen Phrasen, militaristischem Zungenschlag, erst recht mit dem Vokabular des Kalten Krieges oder mit NS-Jargon war in ADK-Kreisen stets zu rechnen. Wie hätte es anders sein sollen bei einer Organisation, deren Mitarbeiter für ihre Eintrittskarte nur zwei Bedingungen erfüllen mußten: die Wiederbewaffnung bejahen und den Kommunismus verteufeln?

Dennoch durften das Abkanzeln von Gegenpositionen oder gar haßerfüllte Ausfälle nicht die Generallinie sein. Die ADK mußte nach subtileren Wegen der Einflußnahme Ausschau halten.

Zunächst boten sich dafür die Spalten der Zeitungen an. Journalisten als Meinungsmultiplikatoren waren in der ADK gern gesehen. Schon früh forderte Jahn ein Verzeichnis aller Bonner Redakteure vom Bundespresseamt an[30]. Die ADK und das Presseamt erkannten übereinstimmend, daß gerade kleinere Zeitungen beeinflußbar waren und sich ein stärkeres Engagement hier lohnte[31]. Die finanzschwachen Blätter waren dankbare Abnehmer vorgefertigter Artikel.

Doch auch wenn die ADK nach eigenen Worten mit „Hunderten von Journalisten, vor allem aus der Heimatpresse"[32], zusammenarbeitete, mußte sie – ebenso wie ihr oberster Dienstherr Adenauer – einsehen, daß die Redakteure nicht ohne weiteres auf Regierungslinie einzuschwören waren. Erst im Juni 1955 wagte sich die ADK an die erste bundesweite Tagung nur für Medienleute zum Thema Verteidigungsfragen. Noch eineinhalb Monate zuvor hatte sich Jahn beklagt, daß die Mehrzahl der Heimatzeitungen der Bonner Außenpolitik zwar nicht entgegenarbeite, doch sie verschaffe „in ihrem Streben nach Objektivität den sozialdemokratischen Thesen der Bündnislosigkeit und sogar auch den Neutralitätsforderungen extrem gerichteter Kreise (vor allen Dingen Heinemann-Gruppe) weithin Resonanz"[33].

Wiederum wird deutlich, daß die ADK ähnlich wie Adenauer den Medien keine eigenständige demokratische Funktion zubilligte. Die Presse hatte nach ADK-Auffassung eine „verheerende Wirkung"[34]; Presse, Rundfunk und Fernsehen informierten einseitig, Kritik an der Bundesregierung war „oft hemmungslos"[35]. Nach ADK-Verständnis hätten die Medien ein staatsdienendes Instrument sein sollen, dem Kritik nur von Fall zu Fall zustand.

Die „Spiegel-Affäre" von 1962 lieferte den Beweis, daß dieses Bewußtsein weit verbreitet war. Erst durch die Krise, die von der Öffentlichkeit als schwere Erschütterung des Rechtsstaats wahrgenommen wurde, wurden die Bundesregierung und die Justiz in die vom Grundgesetz gezogenen Schranken zurückgewiesen.

Es gab für die ADK noch einen anderen Weg, sich der Tageszeitungen wenigstens partiell zu bedienen: über Leserbriefe. Im Februar 1952 wies das Presseamt die ADK an, sich zu überlegen, ob nicht in bestimmten Zeitungen „Leserbriefe propagandistisch"[36] für die Regierung genutzt werden könnten.

Die ADK machte die Idee zur Institution. Sie forderte ihre Mitarbeiter auf, Leserbriefe zu schreiben – natürlich ohne daß eine Verbindung zur ADK deutlich werden durfte. Briefschreibern, die die Wiederbewaffnung ablehnten, konnte es passieren, daß ihnen auf ADK-Geheiß scharf geantwortet wurde.

Ein besonders erfolgreiches Beispiel in der „Deister-Weser-Zeitung" reichte Jahn an das Presseamt weiter: Ein Gewerkschafter hatte sich auf 60 Zeilen gegen die Wiederbewaffnung ausgesprochen[37]. Eine Woche später konterte ein ADK-Mitarbeiter mit weit mehr als 200 Zeilen. Fast selbstverständlich scheint es, daß der ADK-Schreiber seinen Vorgänger als „Lautsprecher einer verlogenen Sowjetpropaganda" titulierte. Erst

An alle Frauen und Mütter!

Ein Brief, den SIE lesen sollten!

Essen, im März 1955

Liebe Freundin,

wir haben uns ja in den Ferien öfter gesehen und immer gut verstanden. Sonst käme ich auch bestimmt nicht auf die Idee, Ihnen diesen Brief zu schreiben.
Aber ich muß einfach ein Problem besprechen, das mich in letzter Zeit zutiefst beschäftigt. Und ich muß es mit einer Frau besprechen.
Sehen Sie, liebe Freundin, ich bin wirklich ein ganz alltäglicher Fall. Mein Schicksal war das gleiche wie das unzähliger anderer deutscher Frauen in Kriegs- und Nachkriegszeit. Mein Mann war im Feld, und hinterher bangte ich um ihn, als er Jahre in französischer Kriegsgefangenschaft saß. Ich hatte Angst, wenn die Bomben fielen, ich hungerte, ich wartete so sehr auf jeden Brief aus dem Felde.
Heute liegen die Sorgen und Schmerzen von damals schon wieder eine gute Wegstrecke zurück. Das tägliche Leben fordert Aufmerksamkeit, natürlich auch meine Arbeit, ohne die wir ganz einfach mit der großen Familie nicht auskommen können. Aber das geht ja Ihnen, liebe Freundin, ganz genau so.
Trotzdem bemühe ich mich ganz bewußt, jene schweren Zeiten nicht völlig zu vergessen. Meiner Ansicht nach darf man das einfach nicht. Auch das Schreckliche und Schwere (und dies vielleicht besonders) ist doch ein bedeutender Teil unseres Lebens, wenn wir es nun schon mal erleben mußten. Und vor allem ein wichtiger Teil unserer Entwicklung.
Ich finde immer, wir Frauen sind uns viel näher als die Männer untereinander. Unsere tiefsten Erlebnisse sind doch überall auf der Welt die gleichen: Liebe, Ehe, Geburt und Tod. Sie sind doch auch (von verschwindend wenigen Ausnahmen abgesehen)

immer der wichtigste Teil im Leben einer Frau. Darum vereint uns alle ein Band, das die Männer nie begreifen können und an dem sie nie teilhaben werden.
Die Zeit hat es leider mit sich gebracht, daß wir uns nicht mehr ausschließlich auf unsere fraulichen Aufgaben beschränken können. Unsere Erlebnisse in den letzten fünfzehn Jahren haben deutlich genug bewiesen, daß die Welt anders geworden ist. Die Ereignisse machen nicht mehr halt vor einer Küchentür oder einem Kinderzimmer. Gerade wir Frauen müssen uns heute einfach um ‚das andere' mitbekümmern. Am Ende werden wir ja mehr davon betroffen als die Männer, die es zusammenbrauen.
Man las und hörte doch immer wieder in letzter Zeit vom „Verteidigungsbeitrag", will sagen von der Frage einer neuen deutschen Armee und von den deutschen Soldaten. Privat stieß ich jetzt direkt damit zusammen durch eine Schulfreundin, die ihren Kummer zu mir trug.
Elfriede ist ein weniger älter als ich, sie wurde 1945 von den Russen aus Stolp verschleppt und verlor auf dem Treck ihre beiden jüngsten Kinder. Auch die alten Eltern starben. Es scheint eine Art Wunder, daß meine Freundin selber vor bald zwei Jahren wieder bei uns auftauchte.
Sie wurde großartig mit ihrem schweren Schicksal fertig, nahm ihre alte Berufsarbeit wieder auf und widmete sich im übrigen ganz ihrem ältesten Sohn. Dieser Junge, heute zwanzigjährig, verbrachte die letzte Kriegszeit in Bayern und wurde dadurch vor dem Los seiner Geschwister bewahrt.
Ich brauche Ihnen nicht zu sagen, wie sehr meine Freundin an ihrem Peter hängt. Er ist ihr ein und alles, der Sinn ihres Leben, das sich langsam wieder aufgehellt hat. Sehen Sie, und diese Freundin kam bitterlich schluchzend bei mir an und klagte: „Ist denn das wahr? Peter behauptet, jetzt gäbe es bald wieder ein deutsches Heer. Nur das nicht, habe ich gedacht, nur das nicht."
Nun kennt man ja die Art, in der gerade viele Jugendliche auf die Frage der Wiederbewaffnung reagieren, und ich fragte meine Freundin, was denn ihr Sohn dazu gesagt hätte.
„Das ist ja das, worüber ich mich wundere", rief Elfriede. „Ich sagte, daß ich dagegen sei. Und Inge, du weißt, Peters Braut - Inge stimmte mir zu. Und nun denk dir bloß, ausgerechnet mein stiller, tüchtiger Junge sagt: ‚Nun sieh das doch mal richtig, Mutter! Das ist eine verteufelt ernste Sache. Glaubst du vielleicht, die Amerikaner oder Engländer halten ihre Köpfe alleine hin, wenn der Russe morgen angreift, nur um uns zu verteidigen? Nee, das kann man weder verlangen noch erwarten.'"
Zu diesem Argument konnte ich nur anerkennend nicken. Aber Elfriede sah das nicht gern. „Du hast eben keinen Sohn in dem Alter, sonst hieltest du zu mir", sagte sie energisch. „Laß doch endlich alle, wie sie da sind, nach Hause gehen! Die Amerikaner und die Engländer. Dann müssen sie doch für uns nicht geradestehen: Wir wollen nichts weiter als unsere Ruhe."
Nach diesem energischen Schlußwort ging Elfriede und ließ mich äußerst nachdenklich zurück. Daß sie so und nicht anders reagierte, war nicht verwunderlich. Sie hatte sich nie viel aus dem großen Weltgeschehen gemacht und auch ihre schweren Erlebnisse mehr als ein persönliches Unglück angesehen. Und dann war Peter eben ihr Augapfel. Was mich verblüffte, war die Haltung des Jungen. Natürlich, müssen Sie wissen, kenne ich Peter gut. Ich habe ihn einst über das Taufbecken gehalten und all die Jahre im Auge behalten. Er ist still, nachdenklich, das Gegenteil eines Draufgängers. Seine größte Freude ist die Musik und gleich danach sein Schachclub. Gerade von ihm hatte ich eigentlich Ablehnung erwartet ...

Ich nahm mir vor, mit Elfriede noch mal deshalb zu sprechen, kam aber dann nicht dazu. Einige Tage später besuchte sie mich zum zweiten Male. Diesmal war sie etwas verlegen.
„Sei nicht böse, weil ich neulich heftig wurde", sagte sie in ihrer alten freundlichen Art. „Aber ich muß dir doch sagen, daß ich meine Meinung geändert habe."
„Und wie ging das zu", erkundigte ich mich neugierig.
„Ja siehst du, das hat Peter fertig gebracht. Er meinte wir sollten uns nur mal vorstellen, die Amerikaner hätten eines Tages genug von dem Theater in Europa und zögen einfach ab. ‚Glaubst du wirklich, wir hätten dann unsere Ruhe ...?' fragte Peter."
„Dein Junge beginnt mir zu imponieren", antwortete ich. „Aber wie denkst du dir wirklich die Lage denn in einem solchen Falle?"
„Na es würde ganz schrecklich", rief meine Freundin eifrig. „Es ist ein Unsinn, wenn die jungen Leute sagen: ‚wir wollen nicht Soldat werden - unsere Ruhe wollen wir und sonst nichts - ohne uns!' Unsere Generation hat das klar erkannt. Sollen wir vielleicht Vogel Strauß spielen und den Kopf in den Sand stecken? Und hinterher haben es unsere Frauen und Kinder auszubaden. Nee, wir sitzen nun mal in einem verdammt wackeligen Europa. Wenn wir einfach die Hände in den Schoß legen, wer will dann einen Angreifer daran hindern, uns kurzerhand zu überrollen und zu erobern?"
Ich war platt, so viele Worte auf einmal bekam man von Elfriede selten zu hören. Sie gestand dann auch, immer wieder mit Peter über das Thema gesprochen zu haben.
„Weißt du was, Elfriede", sagte ich entschlossen, „du mußt übermorgen mit deinem Sohn und der Inge zum Kaffee zu mir kommen. Die Ansichten deines Jungen interessieren mich. Sie sind richtig und zeigen, daß er wirklich über die Dinge nachdenkt. Ich will selber mit ihm sprechen."
Na, die drei kamen pünktlich. Inge ist ein sehr niedliches Mädchen, das mich stumm betrachtete. Wir sind uns noch etwas fremd, aber ich denke, das wird sich geben. Aber Peter war offen wie immer, und gar kein Zureden war nötig, um ihn auf unser Thema zu kriegen.
Es ging um den Fortschritt der letzten Jahre. Da sagte der Junge plötzlich: „Natürlich, wir haben uns rausgerappelt aus dem Elend von 45. Wir haben Trümmer geräumt, große Leistungen im Wiederaufbau vollbracht, und heute hast du eine neue Küche und ich ein Motorrad. Aber wieso konnte das alles geschehen?" Ich machte gar keine Miene zu antworten.
Inge sah ihren Verlobten verklärt an, und seine Mutter meinte leise: „Weil ihr so tüchtig seid ..."
„Na was denn ...", ärgerte sich Peter. „Die Deutschen in der Zone doch genau so, oder nicht? Na, siehst du. Bei uns würde es heute genau so aussehen wie drüben, wenn wir nicht unter dem starken Schutz der Westalliierten unsere Arbeitsruhe gehabt hätten."
Dann war es eine Weile still an meinem Kaffeetisch. Elfriede dachte angestrengt nach und nickte dann. Ihr Sohn stand auf und redete, auf und ab gehend, weiter. Er sagte etwa, Hitler hätte seine Kriege nie begonnen, wenn ein einziger der Staaten gerüstet und ihm dadurch gefährlich gewesen wäre. Schon deshalb alleine müßten wir jetzt wieder rüsten, um die Sowjetunion abzuschrecken, denn es sei doch nun einmal nicht zu leugnen, daß die Sowjetrussen von skrupellosen Männern beherrscht werden, die das bolschewistische System mit allen Mitteln wieder ausbreiten wollen und zur Erreichung dieses Zieles, wie schon oft bewiesen, auch vor einem gewaltsamen Angriff nicht zurückschrecken, falls er ihnen lohnend und aussichtsreich erscheint.
„Gerade ihr Mütter", eiferte sich Peter, „und du vor allem, bei dem was du mitge-

macht hast, müßtest das einsehen. Es ist doch gleich, ob man Töchter oder Söhne hat, betroffen werden alle davon. Eine neue Wehrmacht ist notwendig, eben damit nie mehr so gräßliche Dinge geschehen können. Deshalb müssen wir Soldaten werden, ob das dem einzelnen nun paßt oder nicht."
Hier fing Inge an zu heulen. „Aber du und Soldat..", rief sie. „Das kann doch nicht richtig sein. Du gehst doch lieber ins Konzert oder ... mit mir spazieren." Das klang so komisch, daß wir alle herzlich lachten.
Peter legte den Arm um die Schultern seiner Braut und sagte zärtlich: „Natürlich, liebe Inge, ich werde sehr ungern Soldat. Seht euch doch mal die Amis an. Natürlich gibt es auch bei denen einen guten Teil leidenschaftlicher Soldaten, wie in jedem Volk. Aber die Masse hat nicht den leisesten Spaß an der Uniform. Sie alle haben ihre Arbeit und ihre Familie und würden lieber heute als morgen wieder Zivilist. Und trotzdem sind sie Soldaten, ganz einfach, weil sie von der Notwendigkeit überzeugt sind."
Wir saßen nach diesem Ausbruch ganz still. Endlich nickte meine Freundin vor sich hin. „Ich habe nichts als Peter auf der Welt" sagte sie zögernd. „Aber trotzdem - er hat mich überzeugt. Wenn du meinen Standpunkt wissen willst: Man kann sich nicht drücken. Jeder muß seine Verantwortung alleine tragen, auch ein Volk! Was sein muß, muß sein. Sicher tun es die jungen Männer nicht gerne, Soldat zu werden. Aber es ist eben eure Sache, sie zu überzeugen. Nein, noch besser - sie müssen sich selbst überzeugen!"
„Du solltest Rednerin werden", stichelte ich. Aber sie ließ sich nicht beeinflussen. „Du hörtest doch, was Peter sagt", eiferte sie sich. „Und es ist ganz klar, was wir zu tun haben. Wir Mütter müssen unsere Söhne beeinflussen, nicht etwa, daß sie zum Kriege drängen. Du lieber Gott, das wäre ja auch gar nicht möglich. Aber wir können sie von der moralischen und menschlichen Notwendigkeit, die Heimat und die Freiheit zu schützen, überzeugen. Das ist unsere Aufgabe."
Liebe Freundin, eigentlich habe ich kaum noch etwas hinzuzufügen. Als Frau stimme ich dem, was ich hörte und für Sie aufschrieb, absolut zu. Trotzdem liegt mir unendlich viel daran, Ihre Meinung darüber zu hören.
Es ist eigentlich das erste Mal, daß ich solche gewichtigen Gedanken über eine so wichtige Sache wälze. Ich habe eigentlich auch keine Ader für Politik, obwohl ich finde, wir Frauen sollten uns unbedingt damit befassen.
Darum bitte ich Sie heute von Frau zu Frau, überlegen Sie sich, was Peter sagte, was meine Freundin erklärt hat. Und lassen Sie mich wissen, auf welchem Standpunkt Sie selber stehen. Hoffentlich habe ich Sie nicht zuviel Zeit gekostet.
Für heute verbleibe ich mit den besten Grüßen und persönlichen Wünschen
Ihre
Margot

Broschüre der Arbeitsgemeinschaft Demokratischer Kreise, Bad Godesberg, Lindenallee 9, o.J., Abschrift (Privatarchiv Stosch).

am Ende des Briefes aber erreichten die diffamierenden Bemerkungen ihren Höhepunkt. Der Gewerkschafter mußte sich vorwerfen lassen: „Bleibt alles in allem, Herr Kramer, nur noch die skeptische Frage: Verlohnt es sich, mit einem Brunnenfrosch über den Ozean zu reden?"[38]
Weniger aggressiver Methoden bediente sich die ADK, wenn sie selbst in Erscheinung trat. Drei Beispiele:

1. Die ADK fand nichts dabei, auch um Kinder zu werben. 40 Jungen und Mädchen aus dem hannoverschen Raum fuhren auf Einladung der ADK nach Bonn. Eine Zeitung berichtete: „Zum Abschluß der Fahrt bat der Kreisbeauftragte der ADK, Göbel, die Reiseteilnehmer, das in Bonn Erlebte und die Ziele der ADK, die eine überparteiliche Einrichtung sei, weiterzutragen und der ADK weitere politisch Interessierte zuzuführen."[39]

2. „An alle Frauen und Mütter" richtete sich ein ADK-„Privatbrief" 1952, geschrieben im vertraulichen Frau-zu-Frau-Ton und verziert mit Briefpapier-Ornamenten. Der Brief, verfaßt von „Margot", berichtete vom Meinungsumschwung einer Mutter, die ihren Sohn Peter nicht zum Militär gehen lassen will, nachdem sie ihre übrigen Kinder und ihre Eltern auf der Flucht vor den Russen [!] verloren hat. Doch Peter, der sich überlegt, was wäre, „wenn der Russe morgen angreift", stimmt sie um. Am Ende meint die Mutter: „Wir können sie [die Mütter die Söhne, d. Autor] von der moralischen und menschlichen Notwendigkeit, die Heimat und die Freiheit zu schützen, überzeugen, das ist unsere Aufgabe."[40]

3. Die ADK schreckte ebensowenig davor zurück, ihre Aktivitäten auf hessische TBC-Heime auszuweiten. Die Stimmen der (Tod)Kranken sollten auf dem Konto der CDU verbucht werden. In den Heimen wurde nach ADK-Ansicht nur „einseitige SPD-Propaganda"[41] betrieben. Die ADK vereinbarte mit dem Präsidenten der TBC-Vereinigung, dieser solle Vorträge in den Heimen halten und dort ADK-Schriften verbreiten. Der Präsident gehörte der ADK an.
Diese wenigen Beispiele lassen bestenfalls erahnen, zu welchen Taten die ADK fähig war: Wie oft aber diffamierte sie tatsächlich unerkannt aus dem Verborgenen heraus? Wo überall arbeitete sie mit solchen subtilen Methoden? Wann sah auch die ADK die Grenze des Erlaubten überschritten? Gab es für sie überhaupt eine Grenze?

Qualitäten als halboffizielles Überwachungsorgan

Die von der ADK gesammelten Informationen waren Teil von Jahns „Two-Way-Street" der Public Relations. Die Informationen dienten via Presseamt dazu, die Regierung über Stimmungen und Meinungen der Bevölkerung zu orientieren – Stimmungen und Meinungen, die die ADK nach besten Kräften selbst zu beeinflussen versuchte.
Die ADK übersandte jedoch nicht nur Meinungsanalysen oder Prospektmaterial gegen die Wiederaufrüstung. Ebenso finden sich in ihren Berichten Listen mit Namen von Aufrüstungsgegnern selbst[42]. Das Presseamt – als staatliche Behörde – verfügte so über Personalien unbequemer Zeitgenossen. Die ADK mit ihrem bundesweiten Organisationsapparat konnte dadurch eine Überwachungsfunktion erfüllen. Wer garantierte, daß die gesammelten Daten nicht weiterwanderten an andere Regierungsstellen oder Staatsorgane, zum Beispiel an den Verfassungsschutz?
Umgekehrt erhielt die ADK über das Presseamt Angaben vom Verfassungsschutz. Eine Hamburger Frau, die zur Kriegsdienstverweigerung aufgerufen hatte, arbeitete demnach – wie der ADK mitgeteilt wurde – für „linksradikale, kommunistisch angehauchte Tarnorganisationen"[43]. Im Presseamt war es zudem nicht unüblich, bei schwer einzuschätzenden Personen oder Objekten über den Staatssekretär des Bundeskanzleramtes beim Verfassungsschutz nachfragen zu lassen[44].
Inwieweit die ADK selbst Zugang zu Informationen von Geheimdiensten hatte, ist nicht gesichert zu beurteilen. Der ADK-Präsident Jahn spricht sowohl von informellen Kontakten zum Verfassungsschutz als auch zum Bundesnachrichtendienst unter Gehlen, der auch für die DDR zuständig war. Mit beiden Geheimdiensten seien Erkenntnisse darüber ausgetauscht worden, wo besondere kommunistische Aktivitäten zu erwarten und wie bestimmte Organisationen zusammengesetzt seien. „Der Spiegel" behauptete zudem 1957, die ADK bekäme vom Verfassungsschutz auch Geld[45]. Selbst wenn diese Verbindungen von Jahn überzogen dargestellt worden sein sollten, so wird doch deutlich, wie leicht die ADK dazu benutzt werden konnte, als halboffizieller Spitzeldienst zu dienen. In das von Lenz ursprünglich konzipierte Informationsministerium mit den sich ergänzenden Bestandteilen Propaganda plus Kontrolle hätte die ADK sich problemlos eingefügt[46]. Mit anderen Worten: Die ADK wäre ein vorzügli-

ches Instrument in einem Überwachungsstaat gewesen – aber hatte sie die Legitimation, in einem demokratischen Rechtsstaat zu existieren?

[1] Unter diesem Namen wurde die Bekennende Kirche nach 1945 repräsentiert. Seine kirchenleitende Funktion hatte der Bruderrat allerdings an den Rat der EKD übertragen.
[2] B 145/1030, ADK-Bericht aus Mannheim vom 16.1.52.
[3] Gustav Heinemann, Verfehlte Deutschlandpolitik. Irreführung und Selbsttäuschung. Artikel und Reden, Frankfurt a. M. 1966, S. 36.
[4] Rupp, Außerparlamentarische Opposition, S. 61.
[5] Heinemann, Verfehlte Deutschlandpolitik, S. 38.
[6] Zitiert nach: Nolte, Kalter Krieg, S. 301.
[7] B 145/1030, ADK-Bericht aus Mannheim vom 16.1.52.
[8] Ebd., ADK-Bericht aus Hamburg vom 20.1.52.
[9] Helene Wessel hatte sich als Vorsitzende der Zentrumspartei der „Notgemeinschaft" angeschlossen und war von 1952 bis 1957 Vorstandsmitglied der GVP.
[10] B 145/1030, ADK-Bericht aus Mannheim vom 16.1.52.
[11] Ebd.
[12] Jahn, An Adenauers Seite, S. 202.
[13] B 145/1036, Abschrift eines Briefes von Niemöller vom 1.4.55.
[14] Bei der zweiten ADK-Bundestagung in Loope wurde er wörtlich so genannt. – B 145/1030, ADK-Bericht über die zweite Bundestagung vom 15.–17.2.52.
[15] In ADK-Berichten geben Mitarbeiter an, Niemöller gelte als „verblendet" oder als „schizothymer Psychopath". – B 145/1030, ADK-Berichte vom 2.2.52.
[16] Archiv für Christlich-Demokratische Politik in St. Augustin, Nachlaß von Elisabeth Schwarzhaupt, I-048, 011/3, Brief von Schwarzhaupt an Sorge vom 24.9.59.
[17] Ebd., Brief Sorges an Schwarzhaupt vom 15.7.59.
[18] B 145/1030, Brief Glaessers an Jahn vom 12.6.53.
[19] B 145/1036, Bericht Jahns an Forschbach über eine Tagung der Evangelischen Akademie in Bad Boll vom 18.1.55.
[20] B 145/1030, Brief Jahns an Lenz vom 18.2.52.
[21] Ebd.
[22] B 145/1030, ADK-Bericht über einen Sonderrednerlehrgang in Königswinter vom 19./20.2.52
[23] B 145/1030, BPA-Bericht vom 27.2.52.
[24] B 145/1030, Brief Jahns an Lenz vom 27.2.52.
[25] B 145/1030, BPA-Brief an die ADK vom 16.2.52.
[26] B 145/1030, Brief Glaessers an Jahn vom 25.3.54. – Nach einem Referat des BPA-

Abteilungsleiters Inland, Glaesser, hatte der kommunistische Stadtrat einen „Hetzartikel" veröffentlicht. Was darunter zu verstehen ist, geht aus dem Brief nicht hervor.

[27] B 145/1031, Brief Jahns an Glaesser vom 26.3.54.

[28] B 145/1030, Brief Glaesser an Jahn vom 27.2.53. – Glaesser beruft sich auf eine niedersächsische Gewerkschaftszeitung.

[29] B 145/1033, Bericht Jahns an Eckardt über eine Tagung der Betriebsräte und Betriebsratsmitglieder des rheinischen Braunkohlenbergbaus in Zusammenarbeit mit der ADK-Rheinland vom 19.11.56.

[30] B 145/1030, Brief Jahns an Glaesser vom 16.3.52.

[31] Jahn schickte 1952 an Lenz einen ADK-Bericht aus Niedersachsen, in dem gefordert wurde, den Heimatblättern Kredite einzuräumen und sie mit Korrespondenzen zu beliefern. – B 145/1030, ADK-Bericht aus Niedersachsen vom 19.1.52. – Das Presseamt überlegte 1955, den Kontakt zu den kleinen Zeitungen „draußen im Lande" zu verbessern. – B 145/1036, BPA-Aufzeichnung vom 1.6.55.

[32] Redebeitrag von Jahn. In: Konrad Adenauer und die Presse, S. 54.

[33] Ebd., Brief Jahns an das BPA vom 6.5.55.

[34] B 145/1031, Brief Jahns an Forschbach vom 4.10.54.

[35] Jahn, An Adenauers Seite, S. 459.

[36] B 145/1030, Brief Glaessers an Jahn vom 21.2.52.

[37] B 145/1036, „Deister-Weser-Zeitung" vom 23.12.54.

[38] Ebd., „Deister-Weser-Zeitung" vom 30.12.54.

[39] Ebd., „Hannoversche Zeitung" vom 2.7.54.

[40] ZSg.1, 22/1, Ein Brief „An alle Frauen und Mütter. Ein Brief, den Sie lesen sollten", undatiert.

[41] B 145/1030, Brief Jahns an Lenz vom 5.6.53.

[42] Beispielsweise: Bei der genannten Mochalski-Aktion legte die ADK eine Unterschriftenliste bei. – B 145/1030, Brief Jahns an Lenz vom 18.2.52; ebenso gab sie die Namen von Teilnehmern an „geheimen Absprachen innerhalb der kommunistischen und neutralistischen Führungsgruppen" weiter. – Brief Jahns an Forschbach vom 24.5.55.

[43] B 145/1031, Brief Schnippenkoetters an Jahn vom 10.12.54.

[44] Interview mit Krueger.

[45] „Der Spiegel" vom 10.7.57 (Nr. 28), S. 24.

[46] Vgl. dazu oben Teil I, Kapitel: Der Initiator: Staatssekretär Lenz.

DAS ENDE

Kritik: „Die Demokratie selbst ist in Gefahr"

So viel öffentliche Resonanz wie möglich und so viel Auskunft über die Organisation wie nötig: An dieses Prinzip versuchte die ADK sich zu halten. Doch in der hysteriegeladenen Atmosphäre des Kalten Krieges, in der hinter jeder Institution eine Tarnvereinigung vermutet wurde – wenn auch eher eine in kommunistischen Diensten –, konnte ein solches Lavieren kaum erfolgreich sein. Die Presse und die parlamentarische Opposition zeigten an der ADK von Anfang an mehr Interesse, als dieser lieb sein konnte.

Zwei Punkte standen stets im Blickpunkt der Kritik. Erstens: Woher bekommt die ADK ihr Geld? Zweitens: Ist der überparteiliche Anspruch nur ein Täuschungsmanöver? Die Befunde der Kritiker zeigen, daß der Deckmantel der ADK schon zu einem frühen Zeitpunkt zerschlissen gewesen sein muß. Die Geheimhaltungsanstrengungen waren lediglich insofern erfolgreich, als Gegner sich über Jahre nur auf Vermutungen stützen konnten. Doch jeder in der Bundesrepublik, der wollte, konnte sich den Hintergrund der ADK zusammenreimen.

Schon im Frühjahr 1952 – also wenige Monate nach der Gründung – berichteten zwei schleswig-holsteinische Zeitungen erstaunlich präzise, der Zweck der ADK sei die „ausschließliche Propagierung der Bonner Regierungspolitik unter besonderer Betonung des CDU-Standpunktes"[1]. Die ADK verfolge eine „Infiltrationspolitik", um „die Remilitarisierung mit allen Mitteln der unauffälligen und subtilen Beeinflussung propagandistisch vorzubereiten". Ebenso vermuteten die Zeitungen übereinstimmend, die ADK werde aus einem „geheimen Regierungsfonds der Bundesregierung" finanziert.

Die „Schleswig-Holsteinische Volkszeitung", eines der beiden Blätter, diagnostizierte in ihrem Bericht über die erste ADK-Landestagung eine gefährliche Verschmelzung von Staatsbürokratie und Regierungspartei, bei der Parlament und Öffentlichkeit übergangen würden. Die Zeitung fragte, wie es möglich sei, daß Ministerienvertreter – unter anderem aus der Dienststelle Blank – vor ausgesuchten CDU-Anhängern referierten, obwohl sie doch zum „Dienst am gesamten Volke verpflichtet" seien. Und wie könnten diese Beamten quasi als „CDU-Parteisekretäre" detailliert über die Struktur einer Armee reden, die von der Legislative noch nicht beschlossen und über deren Verfassungsmäßigkeit noch nicht befunden worden sei? Die Zeitung – die die Liste der Tagungsteilnehmer gleich mit abdruckte – zog eine weitreichende Schlußfolgerung: Tarnorganisationen wie die ADK gefährdeten die junge deutsche Demokratie.

Der ADK gelang es nach eigenen Worten, die „Pressekampagne" in Schleswig-Holstein „durch entsprechende Einwirkung von uns befreundeten Kreisen" zu brechen[2]. In den beiden darauffolgenden Jahren meldeten sich dann aber Kritiker zu Wort, die über eine weit größere publizistische Reichweite verfügten: 1953 die „Frankfurter Rundschau"[3] und 1954 die „Süddeutsche Zeitung"[4].

Der SZ-Artikel enthielt keine neuen Informationen, sondern nahm sogar noch zu Gunsten der ADK irrtümlich an, diese sei ursprünglich überparteilich geplant gewesen und habe sich lediglich zu einer „Wahlhilfeorganisation der Bundesregierung" entwickelt. Dennoch hielt Jahn die Veröffentlichung für so besorgniserregend, daß er den BPA-Abteilungsleiter Inland, Glaesser, bat, sich mit dem Autor des Textes zu unterhalten. Das Gespräch verlief allerdings ergebnislos: Der SZ-Mitarbeiter vertrat die Auffassung, die ADK könne nur überparteilich arbeiten, wenn sie offiziell Haushaltsmittel erhalten und der Bundeszentrale für Heimatdienst unterstellt werden würde. Er wolle diese Ansicht auch weiter publizistisch vertreten[5].

Eine andere renommierte Zeitung, die „Frankfurter Allgemeine Zeitung", stimmte nicht in den Chor der Kritiker ein. Die FAZ zitierte zwar in kurzen Meldungen die Ansicht der SPD, bei der ADK handele es sich um eine Tarnorganisation[6]. Gleichzeitig aber gab sie 1962 unkommentiert Adenauers Dank an die ADK für deren „staatsbürgerliche Bildungsarbeit"[7] wieder, berichtete sie des öfteren über ADK-Veranstaltungen mit prominenten Gästen – und berief sie sich sogar auf den ADK-Informationsdienst mit dem eher verfälschenden Zusatz, die ADK verfüge über „gute Beziehungen" zur CDU[8].

Spätestens von 1957 an muß es ein offenes Geheimnis gewesen sein, wo die ADK einzuordnen war. In diesem Jahr gab nicht nur „Der Spiegel" seine Premiere als ADK-Kritiker (und befaßte sich übrigens auch schon mit Jahns NS-Vergangenheit)[9], wurde die ADK nicht nur in einer wissenschaftlichen Untersuchung über die Bundestagswahl von 1953 als geheime CDU-Wahlhelferin entlarvt[10], sondern auch die SPD verstärkte angesichts der anstehenden Bundestagswahl ihre Anstrengungen, der ADK publizistisch den Garaus zu machen – nachdem die Opposition die ADK bereits im Zusammenhang mit dem Reptilienfonds attackiert hatte[11].

Den mit Abstand schärfsten Angriff mußte sich die ADK im Frühjahr 1957 aber von einer Partei gefallen lassen, die selbst zu den Nutznießern der Tarnorganisation gehört hatte: Die FDP holte in ihrem Zentralorgan „Das Freie Wort" – fast in Vorahnung ihrer künftigen Oppositionsrolle – zu einem Serienschlag gegen die ADK aus. Die Artikelreihe wurde allerdings nach zwei Folgen unkommentiert abgebrochen, vermutlich weil – wie im Presseamt vermutet wurde – der „FDP in Erinnerung gebracht wurde, welche Unterstützung die ADK früher durch Abgeordnete dieser Partei erfahren hat"[12]. Die Gefahr, die von der ADK ausging, wurde in dem FDP-Organ so beschrieben:

Es „vollzieht sich unter den feingewobenen Schleiern einer konsequenten Geheimhaltung wiederum ein Agitationsvorhaben, das in seinem Ausmaß nur noch mit der staatlich gelenkten Propaganda totalitärer Regime verglichen werden kann. Hier kann es schon längst nicht mehr heißen: Wehret den Anfängen! Angesichts der seit Jahren betriebenen planmäßigen Zersetzung jeder gesunden öffentlichen Kritik an der etablierten Macht ist inzwischen längst die Feststellung nicht mehr von der Hand zu weisen, daß die freiheitliche Demokratie durch die Praktiken einer überparteilich getarnten Agitationsorganisation größten Stils selbst in Gefahr geraten ist."[13]

Verblüffend ist nicht nur, daß es der ADK offensichtlich von Anfang an kaum gelang, im Geheimen zu operieren, sondern auch, daß die öffentliche Kritik an ihr wirkungslos verpuffte. Gerade im Frühjahr 1957 konstatierten die ADK-Landesbeauftragten zufrieden, daß die „wiederholten Angriffe gegen die ADK in den letzten Wochen"[14] keine Auswirkungen gehabt hätten.

Das vergebliche Anrennen der ADK-Kritiker läßt wiederum auf ein mangelndes Demokratieverständnis in der Bundesrepublik schließen. Wie weit verbreitet war der Glaube, daß die Regierungspartei CDU in Kooperation mit der Bürokratie den Staat schlechthin verkörperte? Wie stark waren der Wille zur Macht und die Mißachtung der Medien in der Kanzlerdemokratie, daß wiederholte Aufdeckungen von ADK-Machenschaften übergangen werden konnten? Oder anders gefragt: Wog das Lebenselixier der ADK, der Antikommunismus, als *die* Integrationsideologie der Bundesrepublik so viel mehr als die Sorge um einen demokratischen Aufbau?

Der „Verrat": Die Auflösung der ADK

Die ADK mußte sich nicht der öffentlichen Kritik geschlagen geben, sie wurde nicht auf juristischem Weg aufgelöst[15], ihr Ende war auch nicht die schlüssige Konsequenz eines demokratischen Reinigungsprozesses, sondern die ADK starb eines politischen Todes. Sie wurde von der CDU als Hindernis auf dem Weg in die Große Koalition geopfert.

Die Sozialdemokraten hatten die Auflösung der ADK zur Bedingung für ihren Eintritt in die Große Koalition gemacht. Dennoch bestand selbst innerhalb der SPD keine Einigkeit darüber, dem Propagandaapparat die staatlichen Subventionen zu entziehen. Jahns Angebot, der SPD Beteiligungsrechte einzuräumen, wurde nicht von vornherein verworfen. Der ADK-Präsident hatte offeriert, dem einstigen Gegner 40 Prozent der hauptamtlichen ADK-Stellen abzutreten und die Arbeit künftig durch einen paritätisch besetzten Beirat kontrollieren zu lassen[16].

Vor allem Herbert Wehner soll zu einem Einstieg in die ADK bereit gewesen sein. Wollte er künftig auch die eigene Partei von dem riesigen Veranstaltungsapparat profitieren lassen – oder hoffte er, das ADK-Netz für eine wirklich überparteiliche staatsbürgerliche Bildungsarbeit nutzen zu können? Jedenfalls wurde auch im Presseamt überlegt, ob die ADK-Infrastruktur – wenn der Name und ihr Präsident selbst auch geopfert werden sollten – von einer Nachfolgeorganisation übernommen werden konnte, um den direkten Draht zur Bevölkerung nicht aufzugeben[17].

Stärker als solch pragmatische Überlegungen wogen jedoch die Aversionen der Sozialdemokraten. Die konsequente Linie der SPD-Bundestagsfraktion unter Helmut Schmidt setzte sich durch. Das Ärgernis ADK sollte ein Ende haben. Schmidts oben zitierte Worte über das Ausmaß des Schadens für seine Partei, den die ADK angerichtet habe, spricht Bände. Conrad Ahlers zog als Testamentsvollstrecker der ADK ins Presseamt ein. In den Haushaltsjahren 1967/68 wurden die Subventionen für die

Oberes Bild: Sieg der Adenauer-Legion: Der aus dem Amt scheidende Bundeskanzler verabschiedet sich 1963 auf dem Fliegerhorst Wunstorf von Bundeswehrsoldaten.
Unteres Bild: Die ADK wird „verfrühstückt": Hans Edgar Jahn mit Bundeskanzler Kurt Georg Kiesinger und Außenminister Willy Brandt (Fotos dpa).

ADK aus dem nun parlamentarisch kontrollierten Titel 300 auf Null reduziert. Auf dem gleichen Weg wurde – neben anderen – die von Erich Peter Neumann gegründete „Mobilwerbung" finanziell ausgetrocknet[18]. So schwer dürfte der CDU der „Verrat"[19], wie Jahn die Auflösung nennt, nicht gefallen sein. Unter den neuen Bedingungen der Zusammenarbeit mit der SPD und der überprüfbaren Finanzierung mußte es den Christdemokraten klar sein, daß die ADK ausgedient hatte. Zudem war der Tarnanstrich längst abgeblättert. Schon für den Bundestagswahlkampf 1961, so berichtet zumindest „Der Spiegel", habe die CDU eine Nachfolgeorganisation „Deutsche Demokratische Organisation" (DDA) in Wartestellung gebracht, weil dem „Wahlvolk inzwischen aufgegangen [ist, d. Autor], daß Arbeitsgemeinschaft und CDU identisch sind"[20]. Die DDA hätte sich laut „Spiegel" auf das erprobte ADK-Personal stützen sollen, nur die ADK-Spitze, darunter Jahn selbst, wäre ausgetauscht worden.
Es lassen sich aber auch tiefergehende Gründe benennen, warum das Ende der ADK – zumindest in ihrer damaligen Verfassung – abzusehen gewesen wäre. Der Untergang wäre dann allerdings als ein langwieriger und schleichender Prozeß abgelaufen:

1. Ihre ursprüngliche Aufgabe hatte die ADK längst erfolgreich erfüllt: Das Problem Wiederbewaffnung existierte spätestens nach Beendigung der Auseinandersetzung um die Atombewaffnung nicht mehr. Die Bundeswehr war nicht nur gesellschaftlich akzeptiert, sie war selbst Bestandteil des demokratischen Staats Bundesrepublik. Daß die ADK sich nicht schon Anfang der sechziger Jahre auflöste, hatte zum einen mit ihrer vielseitigen Verwendbarkeit zu tun. Zum anderen aber hatte die ADK eine enorme Eigendynamik entwickelt, durch die die Organisation zu einem gigantischen Apparat angewachsen war.

2. Die ADK litt an einer altersbedingten Auszehrung ihres Personals. Die Mitarbeitergeneration der ehemaligen Offiziere und Vertriebenen starb allmählich aus. Auf der anderen Seite schmolz genauso das aus diesen Personengruppen zusammengesetzte Publikum zusammen.

3. Die ADK-Referenten benutzten eine Sprache des Kalten Krieges, die von jüngeren Generationen nicht mehr verstanden wurde. Wer sollte den ehemaligen Soldaten in der Zeit des allgemeinen gesellschaftlichen

Aufbruchs zuhören? Zu der verspäteten und gerade von ihnen über lange Zeit verhinderten Auseinandersetzung mit dem Kommunismus konnten die ergrauten Antikommunisten nur schweigen; auf die Frage nach der jüngsten deutschen Vergangenheit wollten gerade sie nicht antworten.

4. Der von der ADK favorisierten Diskussion hatten das Radio und das Fernsehen den Rang abgelaufen. Kaum jemand wollte den langwierigen Vortrag eines zweitklassigen Referenten hören, wenn zu Hause der bequeme Fernsehsessel wartete. Ebenso war der Hunger nach gedruckten Informationen gestillt, von dem die ADK in der Anfangszeit profitiert hatte: Die ADK-Broschüren gingen längst in der – gerade vor Wahlen – anschwellenden Papierflut unter.

5. Es ist mehr als fraglich, ob es hätte gelingen können, die ADK in das veränderte politische Koordinatensystem einzupassen. Wie hätten die national gestimmten Soldaten und erst recht die Vertriebenen die neue Ostpolitik akzeptieren, geschweige denn dafür eintreten sollen? Hans Edgar Jahn wehrte sich als Sprecher der Vertriebenen mit scharfen Worten gegen die de-facto-Anerkennung der DDR und der Oder-Neiße-Grenze[21]; selbst 1985 noch sprach er von der „Wiedervereinigung des dreigeteilten Deutschlands" als „zentralem Thema für das deutsche Volk". „Unser Vaterland heißt Deutschland. Es schließt ein: das deutsche Reich, den deutschen Gesamtstaat, das deutsche Volk [...]."[22]

Trotz diesen Umständen wollte Jahn seine ADK nicht so leicht preisgeben. Auf der Suche nach neuen Subventionsquellen klopfte er an NATO- und EG-Türen, und auch in Wirtschaftskreisen hoffte er auf neue Geldgeber. 1968 startete er mit 25 Rednern eine Vortragskampagne gegen die Mitbestimmungsforderungen der Gewerkschaften und der SPD, die von Alphons Horten, CDU-Fraktionskollege und Weckglas-Fabrikant, finanziert worden sein soll[23]. Letztlich konnte mit solchen „Gelegenheitsjobs" der ADK-Apparat aber nicht zusammengehalten werden. Auch der Versuch des neuen Presseamtschefs Günter Diehl, scheiterte die regierungsamtliche Öffentlichkeitsarbeit neu zu organisieren: Die ADK hätte in die auf diese Aufgabe getrimmte „Bundeszentrale für politische Bildung" eingebaut werden sollen. Damit war das Schicksal der Jahn-Organisation besiegelt. 1969 war die „Arbeitsgemeinschaft Demokratischer Kreise" aus der politischen Landschaft der Bundesrepublik verschwunden. Die Bundesregierung sah sich allerdings noch über Jahre in Arbeitsgerichtsprozesse verstrickt, in denen die hauptamtlichen ADK-Mitarbeiter erfolgreich ihre Ansprüche als (halb)offizielle Staatsdiener geltend machten[24]. Für die ADK-Mitstreiter kam das Aus des einst florierenden Unternehmens einer menschlichen Katastrophe gleich. Jahn sagte später gegenüber Rainer Barzel, dem er die Hauptschuld am ADK-Ende zuschrieb:

„Kiesinger, Barzel und Heck erfüllten den Wunsch des Koalitionspartners. Ein Koalitionshindernis, das durfte die ADK nicht werden. Man einigte sich auf die etappenweise Zerstörung der ADK bis zur nächsten Bundestagswahl. Testamentsvollstrecker wurde der von Wehner in das Presseamt abgestellte stellvertretende Pressechef Conrad Ahlers. Nachdem die ADK verfrühstückt worden war, bat mich Barzel zum Gespräch. Er begann seine Trauerrede mit dem Satz: ‚Das ist der größte Orden, der Ihnen verliehen werden konnte.' So konnte die Adenauerlegion den Großkoalitionären keine Schwierigkeiten machen. Die menschliche Seite dieses Verrats an den Mitarbeitern und Mitstreitern, denen die CDU einiges zu verdanken hatte, kann nur angeleuchtet werden. Sie wird in einer weiteren Veröffentlichung im einzelnen dargelegt."
Hans Edgar Jahn in
„An Adenauers Seite. Sein Berater erinnert sich", 1987.

„Was das bedeutet, 104000 Leuten ihre Führung und ihre Aufgaben wegzunehmen, und das, was sie getan haben, als nicht mehr wichtig hinzustellen, das wünsche ich Ihnen, daß Sie das einmal persönlich erleben."[25]

Einen CDU-Mann nahm Jahn von diesem Verdammungsurteil aus: Adenauer hätte nicht wissen können, daß in den Koalitionsverhandlungen die Auflösung der ADK beschlossen worden war[26].

1) B 145/1030, „Schleswig-Holsteinische Volkszeitung" vom 24.4.52; Ähnlich: Ebd., „Lübecker Freie Presse" vom 9.4.52 – Ausgangspunkt für den Artikel in der „Lübecker Freien Presse" war eine CDU-Versammlungskampagne für die Wiederbewaffnung, die die elf Kieler CDU-Bezirksverbände auf Direktive ihrer Partei zusammen mit der ADK organisieren mußten – obwohl sie das ihnen zur Verfügung gestellte Geld lieber für lokalpolitische Veranstaltungen genutzt hätten und die Aufrüstung in den eigenen Reihen nicht unumstritten war.
2) Ebd., ADK-Bericht an das BPA vom 21.4.52.
3) FR vom 29.8.53. – In dem Artikel, der den Etat der ADK bei zwei bis drei Millionen Mark jährlich veranschlagt, heißt es unter anderem: „Die Spatzen pfeifen es sowieso schon von den Dächern, daß die ADK eine Art inoffizielles Propagandaministerium im Westentaschenformat ist und von der Regierung finanziert oder zumindest unterstützt wird. Sie ist eines der vielen teuren geistigen Kinder des Staatssekretärs Dr. Lenz, der als Adenauers Propagandatrommler Nr. 1 im Bundeskanzleramt sitzt."
4) B 145/1030, Günther Scholz, Die Hilfstruppen im „vorparlamentarischen Raum". In: SZ vom 16./17.1.54.
5) B 145/1031, Aufzeichnung Glaessers vom 28.1.54. – Soweit nachprüfbar, veröffentlichte die SZ in dieser Richtung nichts weiter.
6) FAZ vom 29.4.59 und vom 5.10.55.
7) FAZ vom 30.5.62.
8) FAZ vom 28.4.64. – Der ADK-Informationsdienst wurde von der FAZ als quasi inoffizielles CDU-Zentralorgan angesehen.
9) „Der Spiegel" vom 10.7.57 (Nr.28), S. 23.
10) Vgl. Hirsch-Weber/Schütz, Wähler und Gewählte, S. 24–26.
11) Walker, Presse- und Informationsamt, S. 32.
12) B 145/1036, BPA-Aufzeichnung vom 23.5.57.
13) B 145/1036, Hans Kusewit: Falls Sie die Kosten der Tagung nicht tragen können. In: Das Freie Wort vom 29.3.57 (Nr. 13), Ausgabe H; die erste Folge der abgebrochenen Serie hieß „In Kolonnen auf dem gleichen Fuß: Hurra!", erschienen am 22.3.57 (Nr. 12), Ausgabe H.
14) B 145/1036, BPA-Aufzeichnung einer Tagung der ADK-Landesbeauftragten vom 23.3.57.
15) Etwa im Zuge der Klage beim Bundesverfassungsgericht, die die SPD nach der verlorenen Bundestagswahl 1965 erhob, um die verschleierte Parteienwerbung aus staatlichen Fonds einzuschränken – und die die Sozialdemokraten zurückzogen, nachdem

125

sie den Reptilienfonds unter parlamentarische Kontrolle gebracht hatten und selbst an der Regierung waren.

[16] Interview mit Jahn; Ebenso: „Der Spiegel" vom 14.10.68 (Nr. 42); Walker, Presse- und Informationsamt, S. 312.

[17] Werner Krueger zum Beispiel, der als CDU-Mann das Presseamt im Januar 1967 verlassen mußte, vertrat diese Ansicht. – Interview mit Krueger.

[18] „Der Spiegel" vom 26.6.67 (Nr 23), S. 32.

[19] Jahn, An Adenauers Seite, S. 93.

[20] „Der Spiegel" vom 26.9.60 (Nr. 39), S. 28/29.

[21] FAZ vom 20.3.68. – Jahn gehörte zu den 27 Abgeordneten der CDU/CSU, die den Warschauer Vertrag in einer eigenen Erklärung als verfassungswidrig bezeichneten. Seiner Ansicht nach brachten die Ostverträge die Sowjets dem Ziel näher, die „geschaffenen Unrechtstatbestände durch Deutschland selbst" anerkennen zu lassen. – Hans Edgar Jahn, Die deutsche Frage von 1945 bis heute. Der Weg der Parteien und Regierungen, Mainz 1985, S. 335, 706.

[22] Jahn, Die deutsche Frage.

[23] FAZ vom 15.8.68; ebenso: „Der Spiegel" vom 28.10.68 (Nr. 44), S. 65.

[24] Interview mit Jahn; Interview mit Krueger.

[25] Interview mit Jahn.

[26] Jahn, An Adenauers Seite, S. 482.

„Was Sie für Deutschland geleistet haben ..."

„Arbeitsgemeinschaft Demokratischer Kreise" – der Name sollte Programm sein. Eine Organisation nahm ihn für sich in Anspruch, deren Mitarbeiter teilweise die Demokratie verachteten. Gerade dieses Personal sollte ein Vorhaben verwirklichen helfen, das von der Bevölkerung mehrheitlich abgelehnt wurde: die Wiederbewaffnung.
Das Paradoxe ist: Die Bezeichnung ADK hatte dennoch eine gewisse Berechtigung – allerdings in einem anderen Sinn, als Hans Edgar Jahn es hätte verstanden wissen wollen. Die ADK wirkte demokratiestabilisierend, gerade dadurch, daß sie gesellschaftliche Gruppen an die Bundesrepublik band, die dem neuen Staat mit Skepsis, wenn nicht gar als Gegner gegenüberstanden. Jahns ADK erfüllte eine Aufgabe als Integrationsklammer für eigene Mitarbeiter und Sympathisanten – und das waren vornehmlich politisch unzufriedene bis rechtsextremistische Soldaten sowie Flüchtlinge. Die ADK erweiterte den bürgerlich-konservativen Parteien, allen voran der CDU, die Absorptionsfähigkeit am rechten Rand. Es ist wahrscheinlich, daß die entschärfende Wirkung auf das Unruhepotential – möglicherweise ohne Wissen der ADK-Protagonisten selbst – ein Leitgedanke bei der Gründung gewesen ist.
Der Preis dafür war hoch. Es entstand eine Organisation, deren Mitarbeiter der Demokratie zwar nicht mehr von außen gefährlich werden konnten, die dem Aufbau der kaum entwickelten politischen Kultur aber von innen entgegenwirkten. Aus diesem Blickwinkel spricht der Name Hohn.
Die ADK war eine Geburt des Kalten Krieges. Ihr genetisches Material war bereits im Nationalsozialismus herangezüchtet worden – der Antikommunismus im oben definierten Sinn. Dieser diente nicht nur als vertrauenerweckendes Erkennungszeichen für die eigenen Mitarbeiter, die sich dem neu-alten Feind vom Boden der Verfassung aus geschlossen entgegenstellen konnten, sondern erlaubte es auch auf innenpolitischem Terrain, ein Freund-Feind-Raster zu erstellen. Die Anti-Ideologie, die auch mit Hilfe der ADK zur staatsbildenden Doktrin avancierte, konnte von Jahns Organisation als soziales Reglementierungs- und Diffamierungsinstrument mißbraucht werden.
Bei der ADK ging diese Instrumentalisierung so weit, daß nur das Pro-

gramm der CDU-geführten Regierung in vollem Maße als demokratiekonform identifiziert wurde. Kritik wurde als kommunistische Propaganda oder destruktives Querulantentum gebrandmarkt. Bei einer obrigkeitsstaatsgewohnten Gesellschaft fiel diese Interpretation auf fruchtbaren Boden – und nachgeholfen wurde ihr durch das Schüren von Bedrohungsängsten.

Als in höchstem Maße demokratieschädigend aber ist die Verquickung mit der politischen Macht zu bewerten. Eine demokratisch legitimierte Regierung bediente sich einer Organisation, die mit der Demokratie entgegengesetzten Mitteln arbeitete; die nur scheinbar auf Partizipation, tatsächlich aber auf versteckte Indoktrination setzte.

Die ADK ist aus ihrer Entstehungszeit heraus auch als Versuch zu verstehen, einem ungesicherten Staat Stabilität zu verleihen. Die liberale Demokratie westlicher Prägung als verbindlicher Maßstab für Verfassung und politisches Leben konnte mit ihr jedoch nicht erprobt werden. Die ADK war letztlich eine für die Demokratie kontraproduktive Organisation.

Mehr noch: Die ADK wurde nicht nur geduldet – auch über die unsicher erscheinenden Anfangsjahre hinaus –, sondern sie genoß Vertrauen bei der CDU. Die Organisation entwickelte dank der Dimension ihres Apparates eine Effizienz, die die Regierungspartei zum Machterhalt einsetzte. Die ADK wuchs in die Rolle eines wertvollen Aktivpostens hinein[1]. Sie sorgte für eine CDU-freundliche Atmosphäre im gesamten „vorparlamentarischen Raum", also weit über die eigene Klientel hinaus. Vor allem aber erfüllte sie ihren eigentlichen Gründungsauftrag: Sie hatte Bedeutung für die von Adenauer vorangetriebene Wiederbewaffnung. Jahns Selbsteinschätzung von der „entscheidenden Rolle der ADK" für die Akzeptanz der neuen Armee ist allerdings überzogen. Die ADK nahm sich wichtiger, als sie war. Sie verfuhr prinzipiell nach dem Rezept: Je gefährlicher der Gegner dargestellt werde, desto bedeutender sei die eigene Aufgabe (und desto besser werde diese finanziert). Dennoch hatte der Bundeskanzler 1963 allen Grund, seiner „Adenauer-Legion" zu danken:

„Das, was Sie geleistet haben – und was Sie hoffentlich auch weiter in Zukunft leisten werden –, ist bestimmend gewesen für alles, was im Laufe dieser Jahre erreicht worden ist für unser gemeinsames Vaterland, für Deutschland."[2]

CHRISTLICH DEMOKRATISCHE UNION DEUTSCHLANDS

DER VORSITZENDE

Bonn, den 27. 9. 1957

Herrn
Hans Edgar Jahn

Bad Godesberg
Lindenallee 9

Sehr geehrter Herr Jahn!

Das glänzende Ergebnis, das die Christlich Demokratische Union bei der Bundestagswahl erzielt hat, wäre sicher nicht erreicht worden, wenn es uns nicht gelungen wäre, die Grundlinien vor allem unserer Außenpolitik der Bevölkerung immer wieder nahezubringen. An dieser Aufgabe hatten Sie, vor allem bei der langfristigen Vorbereitung der Bundestagswahl, einen wesentlichen Anteil. Es ist mir deshalb ein aufrichtiges Bedürfnis, Ihnen und Ihren Mitarbeitern meinen Dank für Ihre unermüdliche Arbeit in den letzten Monaten auszusprechen.

Mit den besten Grüßen

(Adenauer)

Dank für die „unermüdliche Arbeit": Konrad Adenauer schreibt der ADK nach der Bundestagswahl 1957 (Privatarchiv Stosch).

Die ADK verfügte über weitreichenden Einfluß, um die ehemaligen (Berufs)Soldaten auf den Regierungskurs der Wiederaufrüstung zu bringen – oder um zumindest dafür zu sorgen, daß sie diesen nicht sabotierten. Doch genauso wie die ADK sich um ein demokratischen Maßstäben entsprechendes Militär bemühte, betrieb sie eine Militarisierung der Demokratie. So verstanden, ist der Begriff „Remilitarisierung" angebracht: Die ADK trieb den Wehrwillen nach oben, indem sie eine gesamtgesellschaftliche Angst instrumentalisierte. Das Ziel Wiederbewaffnung heiligte ihr die politischen Mittel.

Der Regierung war dieses Bemühen jährlich mehrere Millionen Mark wert. Diese Summe weist darauf hin, für wie erfolgreich sie die ADK hielt. Der ehemalige Presseamtschef Krueger bezeichnet die ADK zutreffend als „eine von mehreren tragenden Speichen im Propagandaapparat" der Adenauerregierung. Die „Mobilwerbung" – beispielsweise – war eine andere.

Die ADK war für die CDU-geführte Regierung ein höchst effizientes Werkzeug, das im Laufe der Zeit jedoch immer stumpfer und unbrauchbarer wurde. Als unter die Ära Adenauer 1963 ein Schlußstrich gezogen wurde, war auch die große Zeit der ADK vorbei. Als Adenauer im April 1967 starb, wurde andernorts gerade der politische Tod der „Adenauer-Legion" ausgehandelt.

---

[1] Auch in der (kaum vorhandenen) Literatur wird die ADK fast ausnahmslos zu den „wichtigsten [...] Resonanzkörpern der Regierungspolitik" (Walker, Presse- und Informationsamt, S. 45) gezählt, deren Einfluß „nicht unterschätzt werden" (Hirsch-Weber/Schütz, Wähler und Gewählte, S. 26) dürfe und mit der „im politischen Vorfeld kräftig für die Regierung geworben werden konnte" (Lenz, Tagebuch, Vorwort S. XV). Einzig Kitzinger rechnet die ADK in seiner Untersuchung der Bundestagswahl von 1957 eher als „Passivum" denn als „Aktivum für die Regierung", da sie eine vortreffliche Zielscheibe für die Opposition dargestellt habe (Kitzinger, Wahlkampf in Westdeutschland, S. 76).

[2] Konrad Adenauer, Das Verhältnis der Deutschen zum Staat. In: Bulletin des BPA vom 3.10.63 (Nr. 175), S. 1517.

Wie arbeitet die ADK?

Die Arbeitsgemeinschaft Demokratischer Kreise geht bei ihrer Tätigkeit von der Überzeugung aus, daß die früher angewandten Methoden der Propaganda und Werbung den Menschen von heute nicht mehr erreichen, ihn nicht für die Probleme und großen Aufgaben unseres politischen Lebens innerlich aufschließen und für eine bewußte und verantwortungsfreudige Mitarbeit in unserem demokratischen Staate gewinnen können. Die Menschen müssen unmittelbar angesprochen werden, sie müssen das Bemühen spüren, sie in ihren Lebensbereichen, in den Gedanken und den Sorgen, die sie sich machen, zu verstehen und auf sie einzugehen. Ein Vertrauensverhältnis muß geschaffen werden, ohne das die geschickteste „Werbung" heute an dem Menschen vorbeigeht. Die Amerikaner nennen das Human- und Public-Relations-Arbeit. Die ADK bemüht sich, die Erfahrungsgrundsätze dieser Methode mit den in der deutschen politischen Arbeit gewonnenen eigenen Erkenntnissen zu verbinden.

Es ist klar, daß für eine solche Arbeit ganz allgemein das gesprochene Wort gegenüber dem geschriebenen im Vordergrund stehen muß. Es versteht sich ebenso, daß hier nicht der Vortrag vor passiv aufnehmenden Hörern ausreicht, sondern daß die Diskussion, das Gespräch zwischen dem Vortragenden und den Hörern gesucht werden muß. Die Diskussion im größeren oder kleineren Kreise, in der Form auch der Gruppenarbeit und Podiumsdiskussion, gehört daher als unerläßlicher Bestandteil zu jeder Veranstaltung der ADK, mit Ausnahme allein von Vorträgen vor Hörerkreisen mit mehreren hundert oder tausend Personen, in denen erfahrungsgemäß eine echte Diskussion kaum zustande kommen kann.

Ausschnitt aus der Broschüre: 10 Jahre ADK, eine Bilanz staatsbürgerlicher Bildungsarbeit (Privatarchiv Stosch).

Quellen und Literatur

An Literatur über die ADK ist außer Zeitungs- und Zeitschriftenmaterial, geschrieben aus der tagesaktuellen Beschäftigung mit ihr, nur eine Selbstdarstellung von Hans Edgar Jahn greifbar. In Büchern mit wissenschaftlichem Anspruch wurden der ADK bestenfalls einige wenige Seiten eingeräumt.

So stützt sich die Arbeit vorrangig auf erstmals ausgewertetes Archivmaterial. Die zentrale Materialquelle war das Bundesarchiv in Koblenz. Dort sind Aktenbände aus dem Bestand Presse- und Informationsamt der Bundesregierung einzusehen. Das Presseamt war direkter Ansprechpartner der ADK auf seiten der Regierung und gehörte in den Zuständigkeitsbereich des Staatssekretärs im Bundeskanzleramt. Zum Zeitpunkt der ADK-Gründung, 1951, war das Otto Lenz.

Die Akten beinhalten unter anderem den allgemeinen Schriftwechsel des Presseamtes mit der ADK, Dienstaufzeichnungen, Zusammenfassungen von ADK-Veranstaltungen sowie Berichte einer Wirtschaftsprüfungsgesellschaft. Weitere Aktenbände sind zwar vorhanden, fallen aber noch unter die übliche Sperrfrist von 30 Jahren. Dieses Buch hat folglich sein Schwergewicht deutlich in den fünfziger Jahren.

Außerdem befinden sich in Koblenz gedruckte Veröffentlichungen der ADK, vornehmlich der Informationsdienst und Schriftenreihen zur Wehr-, Wirtschafts- und Internationalen Politik sowie „Grundlagen zu Referaten und Diskussionen". Sämtliche Reihen weisen kleinere oder größere Lücken auf. Die gedruckten Publikationen waren von deutlich geringerem Wert als der interne Schriftwechsel mit dem Presseamt.

Im Archiv für Christlich-Demokratische Politik in Sankt Augustin taucht die ADK in verschiedenen Nachlässen auf. Verwendung fand hier ein Schriftwechsel der Bundesgesundheitsministerin Elisabeth Schwarzhaupt mit der ADK.

Auch Zeitzeugen sind befragt worden. Doch sind diese Gespräche nicht als „oral history" zu verstehen. Sie haben vielmehr den Charakter von Expertengesprächen. Bereits gewonnene Informationen und Bewertungen konnten so überprüft, neue hinzugewonnen werden. Allerdings sind die Angaben der Interviewpartner mit besonderer Vorsicht verwendet worden: Nicht immer war eine deutliche Grenze zwischen Erinnertem, Verdrängtem und Erfundenem zu erkennen.

Quellen

Bundesarchiv Koblenz

B 145   Bestand Presse- und Informationsamt der Bundesregierung, Schriftverkehr mit der Arbeitsgemeinschaft Demokratischer Kreise.

ZSg 1   Gedruckte Publikationen der Arbeitsgemeinschaft Demokratischer Kreise.

Archiv für Christlich-Demokratische Politik in St. Augustin

NL I-048   Nachlaß Elisabeth Schwarzhaupt

Interviews

Interviews mit: Hans Edgar Jahn, Werner Krueger, Klaus Skibowski, Klaus Körner (Aufzeichnungen, Protokolle und Briefe liegen dem Autor vor.)

Zeitungen und Zeitschriften

Archivrecherchen bei:
Süddeutsche Zeitung, Frankfurter Allgemeine Zeitung, Frankfurter Rundschau, Der Spiegel (wichtigere Artikel werden einzeln genannt)

Literatur

Abendroth, Wolfgang, Zur Rolle des Antikommunismus heute. In: Das Argument 1974 (Nr. 87), S. 634.

Adenauer, Konrad, Erinnerungen, Band 1, 1945 – 1953, Stuttgart 1965.

Ders., Teegespräche 1950 – 1954, 1955 – 1958, 1959 – 1961, 1961 – 1963, hrsg. von Rudolf Morsey/Hans-Peter Schwarz, Berlin 1984, 1986, 1988, 1992.

Ders., Das Verhältnis der Deutschen zum Staat. In: Bulletin des BPA vom 3.10.63 (Nr. 175), S. 1517.

Aktiv für Deutschland. Dr. Hans Edgar Jahn wird 75. Dem Pionier der politischen Public Relations, SKS-Schriftenreihe 1989 (Nr. 5), hrsg. vom Studienkreis Sicherheitspolitik.

Appel, Reinhard, Konrad Adenauer aus der Sicht der Presse. In: Konrad Adenauer und die Presse, Rhöndorfer Gespräche, Band 9, hrsg. v. Karl-Günther von Hase, S. 44–51

Baring, Arnulf, Außenpolitik in Adenauers Kanzlerdemokratie. Bonns Beitrag zur europäischen Verteidigungsgemeinschaft, München 1969.

Benz, Wolfgang, Die Gründung der Bundesrepublik. Von der Bizone zum souveränen Staat, München 1986, (2. Aufl.).

Bracher, Karl Dietrich, Wird Bonn doch Weimar? In: Der Spiegel vom 17.3.67 (Nr. 12), S. 60–68.

Brünneck, Alexander v., Politische Justiz gegen Kommunisten in der Bundesrepublik Deutschland 1949 – 1968, Frankfurt 1978.

Gerd Bucerius, Des Dr. Goebbels Überministerium. In: Die Zeit vom 17.9.53, S. 1.

Buchstab, Günter (Bearb. u. Hg. u. a.), „Wir haben wirklich etwas geschaffen". Die Protokolle des CDU-Bundesvorstandes 1953 – 1957, hrsg. im Auftrag der Konrad-Adenauer-Stiftung, Düsseldorf 1990.

Doering-Manteuffel, Anselm, Die Bundesrepublik Deutschland in der Ära Adenauer. Außenpolitik und innere Entwicklung 1949 – 1963, Darmstadt 1988 (2. Aufl.).

Dudek, Peter/Jaschke, Hans-Gerd, Entstehung und Entwicklung des Rechtsextremismus in der Bundesrepublik. Zur Tradition einer besonderen Kultur, Band 1, Opladen 1984.

Eckardt, Felix v., Ein unordentliches Leben, Düsseldorf/Wien 1967.

Frei, Norbert/Schmitz, Johannes, Journalismus im Dritten Reich, München 1989.

Geyer, Dietrich, Von der Kriegskoalition zum Kalten Krieg. In: Osteuropa-Handbuch Sowjetunion. Außenpolitik 1917 – 1955, hrsg. von Dietrich Geyer, Köln/Wien 1977, S. 343–381.

Giordano, Ralph, Die zweite Schuld oder von der Last Deutscher zu sein, Hamburg 1987.

Heinemann, Gustav, Verfehlte Deutschlandpolitik. Irreführung und Selbsttäuschung. Artikel und Reden, Frankfurt a. M. 1966.

Henkels, Walter, Die leisen Diener ihrer Herren. Regierungssprecher von Adenauer bis Kohl, Düsseldorf/Wien 1985.

Hirsch-Weber, Wolfgang/Schütz, Klaus, Wähler und Gewählte. Eine Untersuchung der Bundestagswahl 1953. Schriften des Instituts für politische Wissenschaft Berlin, Band 7, Vahlen/Berlin/Frankfurt a. M. 1957.

Hofmann, Werner, Stalinismus und Antikommunismus. Zur Soziologie des Ost-West-Konflikts, Frankfurt 1967.

Jacobsen, Hans A., Zur Rolle der öffentlichen Meinung bei der Debatte um die Wiederbewaffnung 1950 – 1955. In: Militärgeschichte seit 1945. Aspekte der deutschen Wiederbewaffnung bis 1955, hrsg. vom Militärgeschichtlichen Forschungsamt, Boppard 1975.

Jahn, Hans Edgar, Die deutsche Frage von 1945 bis heute. Der Weg der Parteien und Regierungen, Mainz 1985.

Ders., Von Feuerland nach Mexiko – Lateinamerika am Scheideweg, München/Wien 1962.

Ders., Gesellschaft und Demokratie in der Zeitwende, Köln 1956.

Ders., Vom Kap nach Kairo – Afrikas Weg in die Weltpolitik, Frankfurt a. M. 1963.

Ders., Lebendige Demokratie. Die Praxis der politischen Meinungspflege in Deutschland, Frankfurt a. M. 1956.

Ders., Lehrbuch der Gesprächs-, Diskussions- und Redeführung, Preetz 1966.

Ders., Otto Lenz. In: Christliche Demokraten der ersten Stunde, hrsg. von der Konrad-Adenauer-Stiftung, Bonn 1966.

Ders., Rede, Diskussion, Gespräch, Frankfurt a. M. 1954

Ders./Neher, Kurt, Taschenbuch für Wehrfragen, Bonn 1956 ff., hrsg. in Zusammenarbeit mit dem Bundesministerium für Verteidigung.

Ders., Vertrauen. Verantwortung. Mitarbeit. Eine Studie über public relations Arbeit in Deutschland, Oberlahnstein 1953.

Ders., Wir und die Welt, Frankfurt a. M. 1956.

Ders., Vertrauenswerbung als politische Aufgabe, Bonn 1954.

Kitzinger, U. W., Wahlkampf in Westdeutschland. Eine Analyse der Bundestagswahl 1957, Göttingen 1960.

Koch, Peter, Konrad Adenauer. Eine politische Biographie, Reinbek bei Hamburg 1985.

Kogon, Eugen, Das Gespenst der deutschen Remilitarisierung. In: Frankfurter Hefte, Jg. 1950, Bd. 1, S. 2/3.

Ders., Die Funktion des Antikommunismus in der Bundesrepublik Deutschland. In: Frankfurter Hefte 1970, S. 81.

Körner, Klaus, Politische Kleinschriften der Adenauer-Zeit. In: Börsenblatt für den Deutschen Buchhandel vom 31.5.88 (Nr. 43), Beilage Aus dem Antiquariat, S. A 197 – A 209.

Küsters, Hanns Jürgen, Konrad Adenauer, die Presse, der Rundfunk und das Fernsehen. In: Konrad Adenauer und die Presse, Rhöndorfer Gespräche, Band 9, hrsg. v. Karl-Günther von Hase, S. 13–31.

Lenz, Otto, Im Zentrum der Macht. Das Tagebuch von Staatssekretär Lenz 1951 – 1953, hrsg. u. bearb. v. Klaus Gotto (u. a.) im Auftrag der Konrad-Adenauer-Stiftung, Düsseldorf 1989.

Link, Werner, Der Ost-West-Konflikt. Die Organisation der internationalen Beziehungen im 20. Jahrhundert, Stuttgart 1980.

Loth, Wilfried, Die Teilung der Welt. Geschichte des Kalten Krieges 1941 – 1955, München 1987.

Merz, Kai-Uwe, Kalter Krieg als antikommunistischer Widerstand. Die Kampfgruppe gegen Unmenschlichkeit 1948 – 1959, München 1987.

Mitscherlich, Alexander und Margarete, Die Unfähigkeit zu trauern, München [19]1987.

Müller-Brandenburg, Hermann, Neutralität?, Berlin 1952.

Müller, Ingo, Furchtbare Juristen. Die unbewältigte Vergangenheit unserer Justiz, München 1987.

Müller, Leo A., Gladio – das Erbe des Kalten Krieges. Der NATO-Geheimbund und sein deutscher Vorläufer, Reinbek 1991.

Noelle, Elisabeth, Amerikanische Massenbefragungen über Politik und Presse, Limburg 1940.

Noelle, Elisabeth/Neumann, Erich Peter (Hg.), Jahrbuch der Öffentlichen Meinung 1947 – 1955, Allensbach ²1956.

Nolte, Ernst, Deutschland und der Kalte Krieg, München/Zürich 1974.

Rapp, Alfred, Adenauer und die Journalisten. In: Konrad Adenauer und seine Zeit, Stuttgart 1976.

Rudolph, Hagen, Die verpaßten Chancen. Die vergessene Geschichte der Bundesrepublik, Hamburg 1979.

Rupp, K. H., Außerparlamentarische Opposition in der Ära Adenauer. Der Kampf gegen die Atombewaffnung in den fünfziger Jahren, Köln 1970.

Sänger, Fritz, Verborgene Fäden, Bonn 1978.

Schmidtchen, Gerhard, Die befragte Nation. Über den Einfluss der Meinungsforschung auf die Politik, Freiburg i. B. 1959.

Schwarz, Hans-Peter, Adenauer. Der Aufstieg, Stuttgart 1986.

Ders., Die Ära Adenauer. Gründerjahre der Republik 1949 – 1957. Geschichte der Bundesrepublik Deutschland, Band 2, Stuttgart/Wiesbaden 1981.

Steininger, Rolf, Wiederbewaffnung – Die Entscheidung für einen westdeutschen Verteidigungsbeitrag: Adenauer und die Westmächte 1950, Erlangen/Bonn/Wien 1989.

Volkmann, Hans Erich, Die innenpolitische Dimension Adenauerscher Sicherheitspolitik in der EVG-Phase. In: Anfänge westdeutscher Sicherheitspolitik 1945 – 1956, Bd. 2, hrsg. vom Militärgeschichtlichen Forschungsamt, München 1990, S. 235–601.

Walker, Horst O., Das Presse- und Informationsamt der Bundesregierung. Eine Untersuchung zu Fragen der Organisation, Koordination und Kontrolle der Presse- und Öffentlichkeitsarbeit der Bundesregierung, Frankfurt 1982.

Wettig, Gerhard, Entmilitarisierung und Wiederbewaffnung in Deutschland 1943 – 1955, München 1967.

ABKÜRZUNGSVERZEICHNIS

ADK	Arbeitsgemeinschaft Demokratischer Kreise
BdD	Bund der Deutschen
BDJ	Bund Deutscher Jugend
BHE	Bund der Heimatvertriebenen und Entrechteten
BND	Bundesnachrichtendienst
BPA	Presse- und Informationsamt der Bundesregierung
BVN	Bund der Verfolgten des Naziregimes
CVP	Christliche Volkspartei
dpa	Deutsche Presse-Agentur
DDA	Deutsche Demokratische Aktion
DGB	Deutscher Gewerkschaftsbund
EVG	Europäische Verteidigungsgemeinschaft
DP	Deutsche Partei
EKD	Evangelische Kirche in Deutschland
GVP	Gesamtdeutsche Volkspartei
HIAG	Hilfsgemeinschaft auf Gegenseitigkeit der Soldaten der ehemaligen Waffen-SS
KgU	Kampfgruppe gegen Unmenschlichkeit
NL	Nachlaß
PI	Politische Informationen
PR	Rublic Relations
SKS	Studienkreis Sicherheitspolitik
SRP	Sozialistische Reichspartei
TD	Technischer Dienst
VDK	Verband der Kriegsbeschädigten, Kriegshinterbliebenen und Sozialrentner Deutschlands
VdL	Verband der Landsmannschaften
VDS	Verband Deutscher Soldaten
ZdV	Zentralverband der vertriebenen Deutschen